BIG BOOK OF
WORD SEARCH 2

Andrews McMeel
Publishing®

Kansas City • Sydney • London

Andrews McMeel Publishing, LLC
an Andrews McMeel Universal company
1130 Walnut Street, Kansas City, Missouri 64106

www.andrewsmcmeel.com

All puzzles supplied under license from Puzzler Media Ltd.
www.puzzler.com

15 16 17 18 19 PAH 10 9 8 7 6 5 4 3 2 1

ISBN: 978-1-4494-7232-0

Made by:
The P. A. Hutchison Company
Address and location of production:
400 Penn Avenue, Mayfield, PA 18433 USA
1st printing – September 21, 2015

Going Solo

See if you can find all these words connected to Star Wars in the grid,
but be careful, because one of the characters can't be found.

ADMIRAL ACKBAR
ANAKIN SKYWALKER
BOBA FETT
CHEWBACCA
CLONES
DARTH MAUL
DARTH SIDIOUS
DARTH VADER
DEATH STAR
DROID
EWOK
HAN SOLO
JABBA THE HUTT
JANGO FETT
JEDI KNIGHT
LANDO
LIGHTSABER

```
P A D M E A M I D A L A D E G
E N I T A P L A P M G S A C P
Y R E B A S T H G I L U R N S
S G R N D L S B U L I T T A E
T L P E A I O N U L H S H I R
T E U N P B O A I E S E S L Y
U T D K A O M R D N E N I L J
H O E F E H O A D N C O D A E
E T E F T S R R A I R L I L D
H T A R O K K C T U G C O E I
T A A T S G C Y R M N A U B K
A D N I O A N A W F R D S E N
B M D S B O T A I A S O E R I
B E U W O S I R J L L Y T N G
A E E I H L P N S C O K E S H
J H C T R F O N E O I E E S T
C O A G M U R E N N I S Y R E
R E K L A W Y K S N I K A N A
D O C E W O K T H E F O R C E
A D M I R A L A C K B A R R T
```

LUKE SKYWALKER
MILLENNIUM FALCON
PADMÉ AMIDALA
PALPATINE
REBEL ALLIANCE

STORMTROOPER
TATOOINE
THE DARK SIDE
THE FORCE
YODA

The missing character is _____!

True Detective

Can you find all the Sherlock Holmes-related words listed below the grid?

```
S W R G S C H V A G A P H D E A T N A E G
N H A E L T I P N W H N E L C A C I N R A
I G E U D L U O I N T E L L I G E N T U M
D A E R L R S D I B R I L C N H P S S T O
E I P A L T U L S V E N E A N S R L N R
D I I S A O O M T R O A V O M C U L E E I
U N Y W R I C A E G N M I I S E S S U V A
C A R H V E L K O P I P E R T D N N T D R
T D E E A K S B K O O B E S A C U T H A T
I I T L E A P S W O E C D R A N E H A I Y
O E S R B S T E E R T S R E K A B T S R L
N O Y G N O T E B O O K M H T U A R E R Y
E N M I S Y E O C D A L R T P N I E A D M
B S C I G O L O R E T H L U I M O O R G N
```

ADVENTURE	LOGIC	SUSPECT
BAKER STREET	MOOR	VILLAIN
BASKERVILLE	MORIARTY	VIOLIN
CASEBOOK	MRS. HUDSON	
CLUE	MURDER	
DEDUCTION	MYSTERY	
DEERSTALKER	NOTEBOOK	
DETECTIVE	PIPE	
DR. WATSON	SHERLOCK	
ELEMENTARY	SLEUTH	
INTELLIGENT	STUDY	

3
Home Sweet Home

See how quickly you can spot all of these dwellings in the grid.

APARTMENT
BEDSIT
CARAVAN
DUPLEX
FARMSTEAD
FLAT
HIDEAWAY
HOMESTEAD
HOSTEL
HOUSEBOAT
HUT

IGLOO
LOFT
LOG CABIN
MANSION
MOBILE HOME
PENTHOUSE
RANCH
SHACK
TENEMENT
TENT
TEPEE

TRAILER
VILLA
WIGWAM

Y	K	X	R	R	N	L	Y	C	R	G	S	R	I	U	S	C	D	T	R	I
F	T	G	N	S	I	L	E	K	I	G	L	O	O	R	I	H	P	E	N	Y
A	U	A	C	D	B	B	O	T	S	R	O	T	I	C	O	N	R	P	S	T
R	T	E	L	O	A	E	I	F	S	L	A	G	H	M	A	F	B	E	E	N
M	N	C	D	F	C	D	N	R	T	O	S	U	E	I	I	R	O	E	M	E
S	E	T	E	P	G	S	V	L	B	N	H	S	R	E	D	I	A	A	S	T
T	M	O	N	A	O	I	Y	E	E	C	T	D	L	R	G	E	W	V	R	N
E	E	I	S	E	L	T	S	A	K	E	E	O	U	R	N	G	A	A	A	E
A	N	A	B	A	M	U	I	M	A	N	S	I	O	N	I	L	I	W	P	N
D	E	S	L	W	O	T	R	D	K	C	A	H	S	W	O	L	E	C	A	D
T	T	L	R	H	F	A	R	A	N	M	O	B	I	L	E	H	O	M	E	Y
I	I	E	S	L	N	O	G	A	T	U	A	R	E	R	N	I	S	Y	E	T
V	O	C	D	C	A	L	R	T	P	P	E	S	U	O	H	T	N	E	P	U
N	I	E	H	X	E	L	P	U	D	A	A	B	S	O	R	E	T	H	U	H

Let's Dance

See if you can find all the dance-related words in the grid below. When you have found them all, write out the leftover letters from top to bottom in the spaces below the grid to spell out the punchline to the joke.

```
S E C A F O O T W O R K O P M E T E H E
C H C A K A H T N E M E V O M C C A C N
H E O N K C H A R L E S T O N N B N K F
O G C K A E L O D N A R A F A A A C A J
R U H N E D W Y M M I H S D N D I N I I
U H O D A Y N A C N A C E E Y K D T L R
S Y E R R D P A L F R N R L H A T E A I
L N D A E A N O F K I A L G N E J L M S
I N O N R L T R K L D E I G R R I L B H
N U W E I S O O A E B H O B C B V A A J
E B N B U M P B E B Y H U S T L E B D I
T A P O H Y D N I L O G M A Z U R K A G
```

BALLET	CHORUS LINE	HUSTLE	MOVEMENT
BARN DANCE	FAN DANCE	IRISH JIG	SHIMMY
BELLY DANCE	FANDANGO	JITTERBUG	TAP
BOLERO	FARANDOLE	JIVE	TEMPO
BREAK DANCE	FOOTWORK	LAMBADA	
BUMP	HABANERA	LEOTARD	
BUNNY HUG	HAKA	LINDY HOP	
CAKEWALK	HIGH KICK	LINE DANCE	
CANCAN	HOEDOWN	MACARENA	
CHARLESTON	HOKEY-POKEY	MAZURKA	

Where do you go to dance in California?

____ _____-_____!

5
Up, Up, and Away!

This boy is getting a bit carried away with his new hobby. Have a go at finding all of these kite-related words in the grid.

ACROBATIC
AERIAL
AERODYNAMIC
BREEZE
CONTROL
DISPLAY
KITE
LAUNCH
LIFT
LOOP
MANEUVER
NOSEDIVE
PARAFOIL
PATTERN
PLANE

```
Z Y A M H S A E R I A L E Y R
M S A E F H H S V D B P G O S
E T M L R S K O O I A H T E T
L R Y E P O D S W H D A O S R
G U P E S S D E S O T E L I I
N C G L M T I Y F E D A S R N
A T B E A U C D N N D N H O G
T U S I O N E V I A A L N E N
E R L S O T E W A Y M E N C R
T E A C R O B A T I C I P K E
S R D L R B T U R N L A C I V
I G E N R M I S A W R K H T U
W N R E T T A P O A E O H E E
T I E U T R N T F E A C B I N
L Z N P P S L O R T N O C S A
E O E G C O I D R U H F A N M
I E S L E L O O A T U B I N G
G T F I L D M L U A K C I R T
```

RISE
ROTATE
SHAPE

SHOW
STEER
STRING
STRUCTURE
STUNT
TAIL
TANGLE

TOWLINE
TRICK
TUBING
TURN
TWIST
WIND
WINGED

6
Puppy Power

Can you find all the young creatures listed below?

```
M J G Q S M S O S G P O S O D R M S O T R
R S O N N D C O L T O I B R P U P P Y A N L
M S I L I C D I K S G A T E L W O D O A R
A H L N A L A D S L L U R A O H P I O T F
N A H R S M T L E I E Q O F I O E F T R M
A F C J E D B S F N T S L N L R H I Y S U
I I T O U S A Y E G N E T E E A N R F E I
S L A R O V T A N N D E T E R E V E L E T
E L H D R E E I R G C A T E R P I L L A R
N Y M I N A L N L S A H E T O U T P E R N
Y E B G A K P I I I S B C H I C K L F W O
B E Y U C C N D T L U R A N I K V E A E S
A C O U R G M H T C E U A R E E N H W I S
B E D O C G D T E L G A E A R R T W N N I
```

BABY	CHICK	FLEDGLING	LAMB
CALF	COLT	FOAL	LEVERET
CATERPILLAR	CUB	FRY	NESTLING
	CYGNET	GOSLING	OWLET
	DUCKLING	GRUB	PARR
	EAGLET	HATCHLING	PIGLET
	ELVER	HEIFER	PUPPY
	EYAS	JUVENILE	SQUAB
	FAWN	KID	TADPOLE
	FILLY	KITTEN	WHELP

7
Time Trial

See if you can find all the clock-related words in the grid. But be careful, because one of the listed words does not appear in the grid.

ALARM CLOCK
CARRIAGE CLOCK
CHIME
CHRONOMETER
CLOCKWORK
DATE
DIGITAL
EGG TIMER
HOURGLASS
MANTELPIECE
METRONOME
MINUTE
MOVEMENT
NUMBER

```
Z M A N T E L P I E C E X B Y
T R V X Q B M W I N D U P L S
R E Y C H K C O L C M R A L A
A M S A A B S A V H Y T O D S
U I A R E B M U N E I W K A H
Q T R R M S E C A G M C B S O
D G E I H E H C I S O E Y I U
P G T A K I T D E L V N N A R
N E E G M R I R C I C S N T G
S O M E S A O L O H P O T P L
K D O C Y U L W R N I E E E A
R D N L R A N O K T O N M M S
O N O O W I N D A C D M S I S
W A R C C I H L I U O E E N T
R O H K Z E U T L A R L N U E
I A C E B G S U I L L P C T S
N D A T E O M R E T A E P E R
G E D R T R S E T T I N G S O
```

PENDULUM
QUARTZ
REGULATION
REPEATER
RING

SECOND
SETTINGS
SLOW
STOPWATCH
SUNDIAL

SYNCHRONIZE
TIMEPIECE
WALL CLOCK
WIND-UP
WORKS

The word that does not appear in the grid is _____!

8
Yoga Stretch

See how quickly you can find all the yoga-related words listed below the grid.

```
Y O G I C C F D E G E A D G E S S O F E S
S E O D I H B F U E R S N K T O E S H E C
D W L S R A E R L K O I E R E R U T S O P
A S A E T N U L A E H O E L M R G E H F T
B L E R N T C H P T X T D R Y L R H A S C
M Y B U A I C O A P C I N A E E A P R L A
R A E A T N S E O H U E B E N A C C M I P
S D N L T G R R G N I S S I M K H E O M M
U O U D R B N E S O P E T R L N B I N A I
T R E L A X A T I O N Y A L P I G S Y W W
R W O E C L D T R F N K I E S L T I O S O
A A I D N I A A M A N T R A G H T Y L U L
U N I O N R E M N N O I T A T I D E M A I
```

ALIGNMENT	FLEXIBILITY	RELAXATION
BREATHING	GURU	SERENITY
CALM	HARMONY	STRETCH
CHAKRA	INDIA	SUPPLE
CHANTING	KARMA	SURYA
	LOW-IMPACT	SUTRA
	MANDALA	SWAMI
	MANTRA	SWARA
	MAT	TABLA
	MEDITATION	TANTRIC
	POSE	UNION
	POSTURE	YOGI

9
Find the Fruits

Find all of the fruits in the grid. Once you've done that,
write out the leftover letters from top to bottom to spell out
the punchline to the joke at the bottom of the page.

APRICOT
BANANA
BILBERRY
BLACKBERRY
BLUEBERRY
BOYSENBERRY
BRAMBLE
BREADFRUIT
CANTALOUPE
CITRUS
CLEMENTINE
CRAB APPLE
CRANBERRY
DATE
ELDERBERRY
FIG
GREENGAGE
LIME
LOGANBERRY
MULBERRY
NECTARINE
PAPAYA
PEACH
PEAR

PINEAPPLE
PLUM
POMEGRANATE
PRUNE
RASPBERRY
REDCURRANT

STARFRUIT
STRAWBERRY
TANGERINE
WATERMELON

```
B I L B E R R Y G R E E N G A G E
Y C T E T A N A R G E M O P G I F
Y R Y Y E C E L P P A B A R C S E
R A R P R M L A C B E R D L A T N
R N R E I R P E L I Y A O Y N A I
E B E L B A E U M R T G C A T R R
B E B C Y R E B R E A R R H A F E
K R L A T B E E W N N R U S L R G
C R U B E A B D B A U T P S O U N
A Y M R M N R E L C R B I E U I A
L T R U E A R I D E E T O N P T T
B Y L S C R R E N R H E S U E E R
I P Y T Y U R B R E A D F R U I T
T O C I R P A Y P I N E A P P L E
B A N A N A N O L E M R E T A W P
```

What do you do with a blue banana?

_ _ _ _ _   _ _ _   _ _ _ _ _ _ _   _ _ _   _ _ _ !

Roman Around

See if you can find all of these Rome-related words in the grid.
We've put one in to help get you started. One of the words can
be found three times—can you spot which one it is?

BORROMINI
CATACOMBS
CIAMPINO
COLOSSEUM
FASHION
FORUM
FRESCO
GLAMOUR
GUCCI
ITALIAN
LAZIO
METRO
MOPED
MUSEUM
OPERA
PALATINE

D	Y	O	P	E	R	A	W	I	T	A	L	I	A	N
D	A	Z	Z	I	P	G	D	Y	O	I	Z	A	L	P
L	E	P	A	H	C	E	N	I	T	S	I	S	R	O
F	M	O	D	P	F	G	P	A	M	D	I	I	S	N
R	O	P	R	O	A	A	B	U	T	C	E	G	P	I
E	R	E	R	T	L	N	E	W	C	S	C	H	A	P
S	G	U	S	A	E	S	T	U	T	A	A	E	N	M
C	M	L	T	L	S	M	G	H	T	Y	L	P	I	A
O	D	I	A	O	L	N	R	A	E	Y	L	N	S	I
N	N	S	L	M	G	I	C	F	T	O	A	O	H	C
E	A	O	T	B	O	O	H	S	E	Z	N	I	S	D
R	C	C	N	A	M	U	M	N	Z	R	H	H	T	V
O	P	E	I	B	T	U	R	I	E	L	N	S	E	E
M	D	I	S	T	E	U	P	R	E	V	Y	A	P	S
U	E	E	Z	S	A	D	E	W	I	N	E	F	S	P
L	P	L	U	Z	R	V	T	I	B	E	R	S	G	A
U	O	M	N	H	A	B	O	R	R	O	M	I	N	I
S	M	E	R	R	E	T	E	P	T	S	A	M	O	R

PANTHEON	ROME	STATUE
PASTA	ROMULUS	STYLE
PIZZA	SEVEN HILLS	~~TIBER~~
POPE	SISTINE CHAPEL	VATICAN
PRIEST	SPANISH STEPS	VESPA
ROMA	ST. PETER	WINE

The word that can be found three times is _____!

Fairground...

11

Can you spot all of these words related to fairgrounds in the top grid?

BIG WHEEL
CAROUSEL
FUN HOUSE
GHOST TRAIN
HAUNTED HOUSE
MIRROR MAZE
RIDE
RIFLE RANGE
ROUNDABOUT
SIDESHOW

SWINGBOAT
TOMBOLA

```
E R O U N D A B O U T
C Z Z C L C I N L T E
R S A A E D I R I N S
F I E M N S A T I E U
U D F C R D L A M S O
N E I L N O R E W A H
H S B S E T R I T A D
O H R I T R N R L F E
U O I S G G A O I E T
S W O L B W B N A M N
E H N O S M H E G C U
G D A R O T I E A E A
E T L T G N M S E R H
T L E S U O R A C L I
```

12

...Attraction

Now see if you can find all of these attractions in the bottom grid.

ARCADE
BARBECUE
BIG DIPPER
BURGER
CIRCUS
EXCITEMENT
FAST FOOD
HOT DOG

ICE CREAM
KIOSK
MUSIC
PERFORMER
PONY RIDE
POPCORN
TICKET
WIN

```
A R C A D E H Y G P M
W T E D I R Y N O P U
R X N N T A K P D S S
E H P E A I C S T N I
P S A E M O C N O S C
P F O T R E A K H I M
I A H N N F T S E A K
D S O A T Y O I E T G
G T N A S O B R C T E
I F H U N U C A M X N
B O S I R E E O D E E
R O W G C T I A E G R
N D E I M S U C R I C
S R B A R B E C U E O
```

13
Fish Tank

If you are keen on tropical fish, this puzzle is for you. Find all the listed words in the grid below. When you have found them all, write out the leftover letters from top to bottom in the spaces below to spell out a joke and its punchline.

```
H W J H Y D I D A Q U A R I U M T X L C R
C L A H E T I G E R B A R B F I A O A O E
A E C S Y L L O M K C A L B H C R F C R D
O E K G R A S B O R A R O H R E O G I Y Z
L C D O S E I C E P S R S E T S W N P D E
N I E L S T N A L P C I T A U Q A I O O B
W R M D E L B B E P F L W E S T N Y R R R
O T P F L C I C H L I D H E T R A L T A A
L C S I A M E S E F I G H T I N G F I S H
C E E S C I V G E Y R E K C O R O R T O G
E L Y H S G N I T H G I L G R A V E L T T
O E H I S A S R A I N B O W F I S H N C H
O S U B S T R A T E O L I A T D R O W S L
```

ANGEL FISH	ELECTRIC EEL	PEBBLE	SUBSTRATE
AQUARIUM	FILTER	RAINBOWFISH	SWORDTAIL
AQUATIC PLANT	FLYING FOX	RASBORA	TIGER BARB
AROWANA	GOLDFISH	RED ZEBRA	TROPICAL
BLACK MOLLY	GRAVEL	ROCKERY	WATER
CICHLID	JACK DEMPSEY	SCALES	
CLOWN LOACH	LIGHTING	SIAMESE FIGHTING FISH	
CORYDORAS	NEON TETRA	SPECIES	

___ ___ ___ ___

___?

__ ___ ___ ___ ___ ___!

14
Lights, Camera, Action!

Find all the movie-related words in the grid.

ACTION
ACTOR
ACTRESS
ANIMATION
BIG SCREEN
BOX OFFICE
CINEMA
CLOSE-UP
COMEDY
CREDITS
DIRECTOR
EPIC
EXTRA
FEATURE
FOYER
HOLLYWOOD
IMAX
LOCATION
MATINEE
MULTIPLEX
OSCAR
PICTURE
PREMIERE
PROJECTOR
REEL
ROMANCE
SCENE
SCHEDULE

SCI-FI
SCREENPLAY
SHOWING
SOUNDTRACK
STUDIO
THE END
THRILLER
TICKET

USHER
WEEPIE
WIDESCREEN

```
N A J G E X B G B G O I D U T S K K
O N A A G P A A B N H A L N S A C Y
I I L E R E I M E R P E G N M A S A
T M R O T C A C I K H N X A R B R F
C A U S C R E E N P L A Y T I B E L
A T E L T H R I L L E R D G R A H S
D I D L T A C N S L O N S S T A S G
M O H R U I U O W A U C S U R N U R
Y N O S O D P E M O R E R W O O O E
T P D W S M E L S E R E A I T T N E
I L U C Y P A H E T D A T D C N O L
C A E E I L B N C X S Y C E E E I P
K N O E S R L A C S T R R S J E T I
E C I F F O X O B E E I R C O N A C
T S C I F I L H H D D E L R R I C T
T H E E N D U C I G Y N M E P T O U
G N I W O H S T A O C I N E M A L R
D S K O R T S I F A E N F N L M S E
```

Just the Ticket

See how quickly you can find all the listed things that require a ticket in the grid. But be careful: One of them can be found twice.

BOAT TRIP
BUS
CINEMA
CLOAKROOM
COACH
CONCERT
CRUISE
DISCO
EXHIBITION
FERRY
FESTIVAL
FOOTBALL
FUNFAIR
GALLERY
GARDENS

W	C	I	N	E	M	A	X	K	N	I	R	E	C	I	D	G
D	D	G	T	N	S	R	S	T	H	E	A	T	E	R	Y	H
N	N	L	S	R	I	I	L	D	G	C	N	S	E	W	R	H
B	O	N	I	A	E	A	U	E	D	L	S	E	N	E	E	S
U	E	I	F	B	V	C	A	R	F	O	I	G	V	L	T	M
S	M	N	T	I	R	R	N	O	C	A	E	U	H	F	T	D
N	U	F	T	I	E	A	O	O	H	K	E	C	S	F	O	U
F	S	S	E	P	B	T	R	F	C	R	A	I	O	A	L	P
E	E	P	O	R	B	I	G	Y	O	O	R	P	V	R	P	I
F	U	N	L	A	R	A	H	E	C	O	I	U	S	O	L	R
H	M	A	L	A	L	Y	E	X	D	M	T	G	O	N	A	T
C	M	L	I	L	Y	S	A	K	E	H	E	B	O	T	N	T
T	U	T	E	N	E	S	W	E	E	P	S	T	A	K	E	A
A	A	R	S	N	E	D	R	A	G	I	L	P	S	L	W	O
M	Y	D	I	S	C	O	O	E	D	N	I	A	R	T	L	B

ICE RINK
LIBRARY
~~LOTTERY~~
MATCH
MUSEUM
OPERA
PLANE

PLAY
RAFFLE
REVUE
SWEEPSTAKE
THEATER
TOUR
TRAIN

The word that can be found twice is _____!

We're in the Money!

Have a go at finding all of these different types of money in the grid.

BAHT
BIRR
BOLIVAR
CEDI
DINAR
DIRHAM
DOBRA
DOLLAR
DRACHMA
ESCUDO
EURO
FRANC
KORUNA
KROON
KUNA
KWANZA
LARI
LEMPIRA

```
F E E P U R S G E S F Y E H S E C
E R O U B L E G S T L G E E W H N
Y A E C B S T E S A E N T N L G A
M I K F E O C H C D S I K I I T R
R T E A D O L I P O V L E R T N F
A O I I T S T I S L T L Y E A C E
N L N D G E N M V L I I S U S M U
D A H E M P O T N A E H Y B I P R
R S W O E O C D T R R S F M N A O
N I E S O G D O B R A K M A H T A
L E M P I R A U E N I S I H Y E O
C P Z A N U K D C A L R S R T P C
N O I L T R R I B S A E O I G E A
S U B A O K O R E P E T L D D U H
L N V L N T W I G G U K E I N L T
M D I A E O Y A N C O N D R E S V
O R R T I A W E N R E N T K C F L
A S R E O P T A U Z W T E I H U N
A M H C A R D N Y B A H T E C D S
L A R I K L A S R G S A N O O R K
```

LIRA
LITAS
LOTI
MARK
METICAL
NAIRA

PESO
POUND
PUNT
RAND
ROUBLE
RUPEE

SHEKEL
SHILLING
SOL
SUCRE
TAKA
TENGE

TUGRIK
VATU
WON
YEN
YUAN
ZLOTY

17
Measure for Measure

See if you can measure up by finding all the units of measurement in the word-search grid.

ACRE
AMP
ANGSTROM
BARREL
CALORIE
CARAT
CENTIMETER
CUPFUL
DECIBEL
DEGREE
FATHOM
FOOT
GALLON
GILL
HAND
HORSEPOWER
HOUR
INCH

```
V J K T T A W O L I K L Q S S
H S S I Y T V O L T I N C H L D
O S S H L L R D B G T N I P E S
U W A Y U O D A H S R N D C R S
R N I F P F J T U A M E N B R C
D M P D N M Y O S Q C U A I A A
P U I V A E A N U I O E N M B R
C I S N A A Y E B L R R C G D A
G R N R U I S E A H E E O H A T
N E E A B T L I P T T S W O O M
E F C T D R E F E A E N I R E S
C O A G E H U M A T M R E S N I
A Y R T S M O E H O I T C E D A
L R E P H L I E N N L I O P T E
O A T B I O R T O S L E N O T S
R O I K R M M L N E I H N W F L
I U L I G N L A E E M K C E D L
E S K V O A E R C A C R T R I I
A E E R G E D E N P O U N D F G
M E G A B Y T E A N G S T R O M
```

KILOJOULE
KILOMETER
KILOWATT
KNOT
LIGHTYEAR
LITER

MAGNUM
MEGABYTE
MILLIMETER
MINUTE
OUNCE
PINT

POUND
QUART
REAM
STONE
THERM
VOLT

18
Vowel Play

Try to find all these language-related words in the grid.

```
K U X I F E R P B N M O D I F I E R G D G
K R O H P A T E M O E E W N H R U N D R R
G N H O M O N Y M M V V B L E W O V D O R
E C O N J U G A T I O N I F H H U L S W O
V R A I D L R R T N G A L T T K P I H C X
I U P R T K A C B A L E W H A E N Y D O Y
T P R A E I E A S T X A P E I G S L H N M
A G O R S J S I D I H I U N U D E E A S O
R E R S D T M O V V D E F L S N S N S O R
E M L A S I T E P E E L A M E U C D A N O
P Y S B L E A E X E E R Y L A O B R S A N
M N Y E A E S I N C R N B L A P B J P N S
I O N R E L F S T S O P C T H M U L E T I
G N T A E F L I I T E T A N G O C C C D
S Y A K U R O Y N V T A R T I C L E T I T
A S X S E N L A S S E E L P I C I T R A P
```

ADJECTIVE
ADVERB
ANTONYM
ARTICLE
ASPECT
CLAUSE
COGNATE
COMPOUND
CONJUGATION

CONSONANT
DIPHTHONG
HOMONYM
HYPHEN
IMPERATIVE
INFLECTION
MARKER
METAPHOR
MODIFIER

NEGATIVE
NOMINATIVE
OXYMORON
PARTICIPLE
PAST TENSE
POSSESSIVE
PREFIX
PREPOSITION
REFLEXIVE

SIMILE
SINGULAR
SUBJECT
SUFFIX
SYLLABLE
SYNONYM
SYNTAX
VOWEL
WORD

Working with Animals

All of these occupations that involve working with animals can be found in the grid.

BEEKEEPER
~~COWBOY~~
DOG BREEDER
DOG HANDLER
DOG TRAINER
FALCONER
FARMER
FARRIER
GAMEKEEPER
GAME WARDEN
GOATHERD
GROOM
HORSEMAN
HOSTLER
HUNTSMAN
JOCKEY
KENNELMAID

```
V J V B R U C T Z O O K E E P E R
U E C E I E I U S N A M E S R O H
T S J E R P G G C I I Y R S T I R
Y U O K E Y I N A C G E O M L E S
I T C E N O S G A M I O I B D I L
T F K E W B C N B R E L L E W S U
I T E P O E V G R R K K E O L O N
I S Y E P L T A O M E R E Y O C C
F L N R O B F I A A B E A E S Z N
D A U T H A N I M G T A D P P I E
O L R S S T D W O O C H T E F E D
G A N M T S I D S L O T E U R O R
H A S H E E P S H E A R E R G H A
A E N I P R S Y R C D A G T D U W
N I D I A M L E N N E K R L T N E
D T N I A S H T H L U A I N A T M
L N F A L C O N E R I C D S V S A
E U T I N A N F L N S O P A W M G
R O T A I D A L E L B A T S H A N
Y M R U C D L R H O S T L E R N S
```

MILKMAID
MOUNTIE
PARK RANGER
PET-SHOP OWNER
PIG BREEDER
RANCHER

SHEEPSHEARER
STABLEBOY
STABLE LAD
VET
ZOOKEEPER
ZOOLOGIST

Go Bananas

Look for all of the listed banana-related words in the grid.

BAKED
BANANA
BANOFFEE PIE
BARBECUED
BREAD
BUNCH
CURVED
CUSTARD
DESSERT
ENERGY
FIBER
FRIED
FRITTER
FRUIT
LOAF
MASHED
MUFFIN

```
G O Y G O H S O D D L E P I R D G
S T A R C H N M E R M O W H E P D
N A N A N A B U O Y A L S V O E T
N F S O S Y C L T O G T R M S E F
N H R K S E G O T A T U S S L L A
N T I U B R L R E I C H E U S O O
Y N E R I S A A E T Y R I E C L L
R E A E L T C G N N T M I E S A K
H B L I W E I P M O E U T R N M E
A R C L I S P U L A X L C V O U R
S E W O O E O D C T S R A S N F I
D T E S S W R D L E O H P G R F M
H T T U N A T I R E K L E E N I D
I I S Y A E D N O C I A B D A N E
L R R T C E P G N T I I C E A S I
O F R E K E I P E E F F O N A B R
T H U A L B U N C H I G N M A A F
E C B D S K V O R T B R E A D P I
A E N I M A T I V N L S R E O P A
W T I H N Y U E C D L S R G A M O
```

PANCAKE   SLICED   SWEET
PEEL   SMOOTHIE   TROPICAL
PUDDING   SNACK   VITAMIN
RIPE   SPLIT   YELLOW
SKIN   STARCH

21
Ship Ahoy!

Can you find all the listed water-going vessels in the grid?

```
J S M Y R R E F G S N I S D I M S I W D S
R I N S E I M E D U N A S S C H O O N E R
Y E U I E P V L N E T I R S R E T T U C L
H Y T R R I V E R B O A T A E D T F L T I
G C C S O T A O B R O T O M M A F H N A F
N A S R A W M I Y G C S H E O I O U N O E
I T L E U O I A E L A H E B K V R D I B B
D A O L L I C N I L C L D S E P R T A E O
K M O W S H S P G N O E L R C E W L T S A
A A P A T E P E U B E H C E D A O C A U T
Y R D R N E I A R P O R T G O D N E N O S
A A L T R G L M S H A A E R N N U O K H E
K N T A O B N U G F N R T O O L I N E R I
J E T F O I L S T B A R G E Y P E C R D L
```

BARGE	CUTTER	GONDOLA	RIVERBOAT
CANOE	DINGHY	GUNBOAT	ROWING BOAT
CATAMARAN	DREDGER	HOUSEBOAT	SCHOONER
CLIPPER	FERRY	HOVERCRAFT	SKIFF
COASTER	GALLEON	JETFOIL	SLOOP
CRUISER		KAYAK	SPEEDBOAT
		LAUNCH	TANKER
		LIFEBOAT	TRAWLER
		LINER	TRIMARAN
		MOTORBOAT	TUG
		PORTHOLE	YACHT

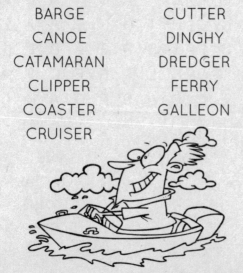

22
Greetings

See if you can find all the types of greeting cards listed below.

ANNIVERSARY
BABY
BEST WISHES
BIRTHDAY
CHRISTENING
CONDOLENCES
CONGRATULATIONS
DRIVING TEST
EIGHTEENTH
ENGAGEMENT
EXAM SUCCESS
GET WELL SOON
GOOD LUCK
GOOD-BYE
GRADUATION
GREETINGS
INVITATION
MOTHER'S DAY
NEW HOME
NEW JOB
PASSED EXAM
RETIREMENT
SIGN
SISTER
SORRY
STAMP
SYMPATHY
THANKS

THINKING OF YOU
TWINS
UNCLE
VALENTINE
VERSE
WEDDING
WELCOME HOME

```
W I G E N I T N E L A V F J P S
E N F O P A S S E D E X A M E L
D V N O O S L L E W T E G H P L
D I L C F D M O T H E R S D A Y
I T N O C A B U P S A I L E U R
N A O N A O L Y R R W A N S K Y
G T I G H T N E E T H G I E R T
N I T R R N V D S T A M P A H A
I O A A L P G E O G C Y S I S S
N N U T T R B I E L A R N B I S
E G D U R S E M S D E K F O S E
T O A L A S E T H V I N L J T C
S O R A S N G T I N E U C W E C
I D G T T K R N G R E L T E R U
R L Y I B I N O I N E W C N S S
H U R O B A F A A T I M H N R M
C C R N C Y B D H N E V E O U A
A K O S O L R Y S T P E I N M X
I A S U Y H T A P M Y S R R T E
B W E L C O M E H O M E O G D R
```

Vacation...

See if you can find all of these holiday accommodations in the top grid.

APARTMENT	LODGINGS
CAMPER VAN	LOG CABIN
CRUISE SHIP	MOBILE HOME
FARMHOUSE	MOTEL
HEALTH SPA	SELF-CATERING
HOLIDAY CAMP	TENT
HOTEL	TIME-SHARE
HOUSEBOAT	YOUTH HOSTEL

```
H O L I D A Y C A M P
T N E M T R A P A I V
S G N I G D O L H D C
N N D R N T R S E A Y
H I I H E N E Y M C O
E R B N O S D P O T U
A E T A I T E R H I T
L T G U C R E I E M H
T A R N V G L L L E H
H C S A R E O F I S O
S F N I T U N L B H S
P L H O U S E B O A T
A E M S C D R I M R E
E S U O H M R A F E L
```

...Mementos

Can you find all of these things you can buy on holiday in the bottom grid?

BASEBALL CAP	LEDERHOSEN
BOOMERANG	MEMENTO
CARPET	PONCHO
CERAMICS	POTTERY
COWBOY HAT	RUSSIAN DOLL
CUCKOO CLOCK	SARONG
FEZ	SHAWL
INCENSE	SOMBRERO
JEWELRY	T-SHIRT

```
P G N A R E M O O B F
J A Z M D I R U C I K
L G C D E E I O U C C
T E I L R M W N O A E
R T D B L B E L D J R
I C M E O A C N E G A
H O A Y R O B W T N M
S E H R O H E E G O I
T A S K P L O L S R C
T I C N R E W S N A S
A U S Y E A T T E S B
C F X O H C N O P N I
R U S S I A N D O L L
Y R E T T O P I F E Z
```

25
Read All About It

Here is a list of things connected to newspapers.
Can you spot them all in the grid?

```
B T R K S E D Y T I C A H M E U S S I F N
J Y X E Y H S M E H D C D N M F H L G E M
N P L R T C H G L V A O I B N A E S W A L
G O O I A R A M E F A L S E A N H S S T U
J T I N N P O R O E D U T A R C D E L U W
S O D T T E T P N A E M R S O E K R E R E
A A U N A I Y E E L G N I N S M T P G E I
L S O R S L A D K R H E B K O U R I A N V
E R A I N B U L E X C L U S I V E R R G R
F P N S W A O C E R F A T C N E O S E W E
L G O G M H L U R A R E I N O T I Y V S T
N O I T P A C I E I O D O A I P L R O T N
P T A B L O I D S N C I N D E A Y B C S I
O R A R T I C L E T E T E E H S D A O R B
```

ADVERTISING
ARTICLE
BACK PAGE
BROADSHEET
BYLINE
CAPTION
CIRCULATION
CITY DESK
COLUMN
COPY

COVERAGE
DEADLINE
DISTRIBUTION
EDITOR
EXCLUSIVE
FEATURE
FRONT PAGE
INTERVIEW
ISSUE
JOURNALIST

NEWSDESK
PRESS
REPORTER
SCANDAL
STORY
TABLOID
TYPO
WRITER

26
In the Post

Can you find all the listed mail-related words in the grid? When you've found them all, write out the leftover letters from top to bottom in the spaces below the grid to spell the punchline to the joke.

```
C E N V E L O P E L H C U O T N I P E E K
O L P M A T S E T A D E S T I N A T I O N
N P I T M P P T D N T N P A M P H L E T L
S L M R S R O A E O P O E A B R U N M I R
I T O A I O T S R I S O I B O R I G A D E
G F C N T A P E T T E L S V T L O M N V D
N P T E P S D E A A I T E T A O D A H A R
M O O O R R E L E N L R S P O E N C D L O
E S S O I R G G R S W O O D F T O I U L
N T C L T A D L A E F R O R P A F A D A A
T M I A T C I E A T D F O R P T M I R B T
I A D E L S O S R N S C A S K R S I C L S
M R E T T E L D N I E O I T I E G A H E O
O K R E G I S T E R E D P A S O R D L S P
```

ABROAD	DATAPOST	KEEP IN TOUCH	POSTAL RATE
AIRMAIL	DATE STAMP	LAST POST	POSTAL WORKER
CONSIGNMENT	DESTINATION	LETTER	POSTCODE
	DISPATCH	MAIL ORDER	POSTMARK
	DO NOT BEND	MAILING LIST	PRINT
	DROP A LINE	NAME	RECORDED MAIL
	ENVELOPE	OVERSEAS	REDIRECT
	FORM	PAMPHLET	REGISTERED
	FREEPOST	POST OFFICE	SCALES
	GIRO	POSTAGE STAMP	STAFF
	INTERNATIONAL	POSTAL ORDER	VALUABLES

Who burped at the Big Bad Wolf?

_ _ _ _ _ _ _ _ _ _ _ _ _ _ _ _ _ _ _ _ _!

Feel the Heat

See if you can find all the hot items in the grid.

BARBECUE
BOILER
CANDLE
CAYENNE
CHILI
COAL FIRE
COOKER
DESERT
EMBERS
EQUATOR
FEVER
FIREWORK
FURNACE
GAS FIRE
GAS RING
GEYSER
HEAT WAVE
HOT DOG
HOT DRINK
HOTHOUSE
JALAPEÑO

```
J Q S R E B M E M E G O D T O H Y
L T Y D L T L T F U S U N L A M P
D E S E R T D I N I S U T L N I S
T Y D L M G R E Q U A T O R N M I
J A L A P E N O E T S S A H H T N
B I G L W K S W R A R U O R T D T
N M R O R I E S I B E N N L D O O
A G R A R M H T F A K S U L A E H
N K P I D E S Y S S O H E O I S E
D S N A L I L T A C O I N I U K L
E I A I S B A I G O C N O N E T D
M H L U R L I T O G N E T E M G N
G I A I N D E E O B T R R E C A A
E D C E H C T S K R A I O U R S C
Y F V R A C T O O P F L R C I R A
S O E N O E N P H L A E F E L I E
E S R V R W I E A V P O A B W N C
R U T I E C A O A P H N Y R U G I
F E C D S R C V E V A W T A E H P
E N N E Y A C P E O L S R B G A S
```

KILN   OVEN   SUNLAMP
LAVA   PEPPER   SUNSHINE
MAGMA   RADIATOR   SUNTRAP
MICROWAVE   SPARK   TABASCO
MUSTARD   SPICE   TROPICS

Come Fly with Me

Have a go at finding all of these airport-related words in the grid.

```
C U S T O M S B G X Y Q L D D E S K H E D B
M P L L R W T A O E Y A W N U R H D S F R B
I I L U D O T I L A N H I E Y T I R U C E S
A N A G P E P L C I R I E L I S U E E H F T
L F H G D D O S M K C D H L A O I S U E S O
C O E A H R W R S O E T I C C S E N E C N P
E R G G T E O N A A T B N A E T I U K A O
R M A E L T P N R R P S O W G M L C Q I R V
E A G D R F E R M C A C N I E P Y T A N T E
S T G I L C I A D U T Y F R E E A A T L O R
M I A H T V C A R E N I S Y E O D S R U L A
L O B I A R E S E R V A T I O N R T S X H P
N N O L I E A B S O R E T H G N I K O O B S
L N S I T N E M E C N U O N N A N M A E D S
```

AIR TERMINAL	BOARDING PASS	CONNECTION	RECLAIM
ANNOUNCEMENT	BOOKING	CROWD	RESERVATION
ARRIVALS	CHECK IN	CUSTOMS	RUNWAY
BAGGAGE HALL	CONCOURSE	DESK	SECURITY
		DUTY-FREE	SHUTTLE
		GATE	STOPOVER
		INFORMATION	TARMAC
		LAST CALL	TICKET
		LUGGAGE	TRANSFER
		PASSPORT	TROLLEY
		QUEUE	X-RAY MACHINE

I Say Tomato

One of these tomato-related words can be found three times in the grid.

```
P I C C O L O K J W P I R A N T O J
Z C I N O S R E P U S L E B I N I M
R E L B M U T T R E L A D E R N H H
E T I R P S E V E R G R E E N T C A
D V F H E O U Y Y B A B N U S O L A
S D E T B N K W R T H G S H U L D N
T S T R I A S S C R E I I L E R E F
A E D O G Z M E N M E R G G F E E E
R S L D O R N O I O L H N D R M C R
O P O A R A E N T E W A C G H S N L
S E G N A M I E Y O T B R K U I A I
A C N R N N P L N I R E E O C S G N
D T U O G A Y D L I V C S R M A E E
A R S T E S A F E E B G I B R A L K
M A N I T O B A H T O T E M U Y E B
```

BIG BEEF	MERLOT	ROSADA	TORNADO
BIG ORANGE	MICRO TOM	SAN MARZANO	TOTEM
BLACK CHERRY	MINIBEL	SHIRLEY	TUMBLER
ELEGANCE	NECTAR	SNOWBERRY	
EVERGREEN	PICCOLO	SPECTRA	
FERLINE	PIRANTO	SPRITE	
GEMINI	RED ALERT	SUN BABY	
INCA	RED ENSIGN	SUNGOLD	
JETSETTER	RED STAR	SUPERSONIC	
MANITOBA	ROMA	TANGELLA	

The word that can be found three times is _____!

Monkey Business

Can you find all these listed apes? When you've found them all, write out the leftover letters from top to bottom in the spaces below the grid to spell the punchline to the joke.

AGILE GIBBON
ANTHROPOID
AYE-AYE
BABOON
BARBARY APE
BUSHBABY
CAPUCHIN MONKEY
CHIMPANZEE
DOUC
FLYING LEMUR
GALAGO
GELADA
GRIVET
GUENON
GUEREZA
HAMADRYAS

```
N O O B A B T W S S I B I D
H R T H D N H E I I U K O A
O M U A A O T R S S F U A C
W N K M L W O H H O C A A S
L N N A E L A B R E M P K Y
E I A D G L A N P O U R E A
R O T R U B G A D C P B A G
M P U Y Y A Y N H E A O U M
O A G A E R K I I G R E I T
N L N S A C N A N Y N O E D
K A A B O M G A R O L V O Y
E T R L O A M W N I I F R E
Y A O N L N L L I R D N A M
B O K A G I L E G I B B O N
H E G U E R E Z A Y E A Y E
Y O C E E Z N A P M I H C H
```

HOOLOCK
HOWLER MONKEY
LORIS
MANDRILL
MANGABEY
MARMOSET

ORANGUTAN
SAKI
SIFAKA
TALAPOIN
UAKARI
WANDEROO

How do you fix a broken chimpanzee?

_ _ _ _ _ _ _ _ _ _ _ _ _ _ _ _ _ _ !

31
Teenage Kicks

See if you can find all of these things that are connected to teenagers in the grid.

```
D E J S W L G B S A D O L E S C E N T E L
A M M L E U A L E N K O O B E C A F E N S
O A B A I C E T E L D N O I H S A F C O S
L I D T E E A I E D U R S N A E J M O H I
N L A A P R R R N N N D I A R Y W A M P K
W R O O N F C E B A I E E V T R G K P E T
O A V O L C I T R E V G G R I N L E U L S
D E T R H R I G O T E C H E I N N U T I R
R C I S F C U N R P R A R T L C G P E B I
S G I Y H M S A G U S T X S A L M T R O F
T U O S E I C H S E I E M O O D O A E M D
U B L N U N R H G Y T R A P S E D C X S A
D A T K W M L T R I Y H A I R S T Y L E T
Y T U O G N I G N A H S H O P P I N G N E
```

ACNE	DRIVING TEST	LATE NIGHT	SULK
ADOLESCENT	EMAIL	MAKE UP	TEXTING
ARGUMENT	EXAM	MOBILE PHONE	T-SHIRT
BOYFRIEND	FACEBOOK	MOOD	UNIVERSITY
BRACES	FASHION	MUSIC	
COLLEGE	FIRST KISS	OWN CAR	
COMPUTER	GIRLFRIEND	PARTY	
CRUSH	GUITAR	POSTER	
DANCING	HAIRSTYLE	SHOPPING	
DATE	HANGING OUT	SLEEPOVER	
DIARY	HIGH SCHOOL	SPOT CREAM	
DOWNLOAD	JEANS	STUDY	

Have Your Cake

Once you've found all of these cake-related words, write out the leftover letters from top to bottom in the spaces below the grid to spell the punchline to the joke.

```
B E T A L O C O H C G B L E N D E C D A
C H E R R I E S M N R E X I M U U G E S
O F E T H E M A I G M T P K S S G N C E
C L T E A I R L L A N G C O T T N I O R
O A H N X G B U R M N I E O E I I T R U
N V R T A R L Z O I O C L C A N R S A S
U O U R A D I A L L R N I L M G O O T A
T R I M N P N L E E F A D N I S L R E E
E N A O A I O O D M M N I S N F O F Z M
E I R N T R W A F S T O I S G A C A A P
I P S P R I N K L E E A N A I C M E L O
A T O P P I N G E E F F O C L N F O G C
A A L L I N A V S T U N L A W P S K N E
```

ALMONDS	COOKIE	MARBLING	ROLLING PIN
APRON	DECORATE	MARGARINE	SPRINKLE
BLEND	DUSTING	MARZIPAN	STEAMING
CHERRIES	FILLING	MEASURE	TOPPING
CHOCOLATE	FLAVOR	MIXER	VANILLA
CINNAMON	FONDANT	MIXTURE	WALNUTS
COCONUT	FROSTING	OATMEAL	
COFFEE	GLAZE	PLAIN FLOUR	
COLORING	LEMON	RAISINS	

Why did the students eat their homework?

_ _ _ _ _ _ _ _ _ _ _ _ _ _ _ _ _ _ _ _ _ _

_ _ _ _ _ _ _ _ _ _ _ _ _ _ _ _ _ !

Popcorn...

See if you can find all these words in the top grid.

BAG
CARAMEL
CARTON
CORN
FIBER
FLAVOR
HEATED
KERNEL
OIL
PLAIN

SALTY
SHARE
SNACK
SWEET
TOFFEE
TUB

R	E	B	I	F	L	D	U	N	G	M
P	Y	W	V	B	L	E	I	I	D	C
I	S	H	U	A	I	A	N	G	O	N
T	U	B	M	G	L	S	V	R	O	P
D	L	R	I	P	N	S	N	O	E	E
O	E	T	K	C	A	N	S	A	R	K
R	M	H	C	A	R	T	O	N	U	I
E	A	S	N	S	O	A	H	T	Y	E
C	R	D	W	L	E	R	E	S	E	G
M	A	I	N	E	E	A	A	P	R	S
O	C	T	F	R	E	L	T	I	A	E
L	L	F	H	U	T	T	E	A	H	N
S	O	I	E	Y	O	C	D	D	S	R
T	T	I	O	A	B	E	L	G	N	M

...and a Coke

Now see if you can find all of these Coca-Cola-related words in the lower grid.

ATLANTA
CAFFEINE
CAN
CARBONATED
COCA LEAVES
COCA-COLA
CONTOUR BOTTLE
KOLA NUTS
LEMON OIL
ORANGE OIL
SECRET FORMULA
SOFT DRINK
VANILLA

D	E	T	A	N	O	B	R	A	C	G
K	D	S	E	E	I	G	S	S	M	S
O	S	D	N	L	A	R	E	E	I	S
L	O	E	I	T	T	B	C	V	R	U
A	F	I	E	T	L	E	R	A	S	E
N	T	D	F	O	A	R	E	E	G	L
U	D	M	F	B	N	I	T	L	N	I
T	R	E	A	R	T	S	F	A	R	O
S	I	I	C	U	A	E	O	C	U	E
N	N	C	S	O	E	D	R	O	R	G
T	K	I	A	T	B	E	M	C	G	N
A	L	L	I	N	A	V	U	N	M	A
L	I	O	N	O	M	E	L	S	K	R
C	O	C	A	C	O	L	A	R	T	O

35
Looks Like Rain

Can you find the listed rainy-day words in the grid?

```
L P E L T D D R E N C H E D D G I C I I
I N A A C O T S A C R E V O I A M E E T G
D N I O E T S A F T I A F L N M N C N B
I O L T O L A O S B N M O G K N P I I O
A F W R N H D R D N Y S O R C I K E S O
T A M N I E U D E D H N R A A A E L A T
Y E I M P B R F U E E A P Y O R B Z T S
G E L C D O N R S P H N R S H S I Z U E
G V A U P N U E O I S A E K T O Y I R E
O C O L V R G R N T M I T Y S A O R A K
S L E H E I S H O W E R A U T R N D T W
C T E A B I R L S E C T W D E L U G E R
S H S A L P S A L L E R B M U F A T D N
```

BOOTS
CLOUDBURST
DAMP
DANK

DELUGE
DOWNPOUR
DRENCHED
DRIZZLE
DROPLETS
FLOOD
GALOSHES
GRAY SKY
HOOD
OVERCAST
PELT
PUDDLE
RAIN

RIVULET
SATURATED
SHOWER
SOAKING
SODDEN
SOGGY
SPLASH
STORM
TEEM
TORRENTIAL
UMBRELLA
WATERPROOF
WET

36
In Good Shape

Try to find all of these shapes in the grid.

ARCH
CIRCLE
CONE
CRESCENT
CROSS
CUBE
CURL
CURVE
CYLINDER
DECAGON
DIAMOND
ELLIPSE
HALF-MOON
HEART
HELIX
HEPTAGON
HEXAGON
NONAGON
OBLONG
OCTAGON
OVAL
PARALLELOGRAM
PEAR-SHAPED
PENTAGON
POLYGON
PRISM
PYRAMID

QUADRANGLE
RECTANGLE
RHOMBUS
SQUARE
STAR
TRIANGLE

```
N O N A G O N F I L P R I S M E
P N O G A C E D C A S E T F L I
O S C T D L U R I V B C V G S T
L N I R C E E B N O E T N R Y U
Y S O R O S P O E L R A T S U O
G I I G C S O A L X I N T U S C
O C I E A M S I H R I G T B F T
N B N E F T P P T S E L D M C A
S T U L I S P T E E R E E O S G
V E A G E H I E P N S A N H Q O
A H T N E Y E D H Y T E E R U N
P A R A L L E L O G R A M P A O
R M R R E D N I L Y C A G I R G
S T A D H L E U T R E H M O E A
A B I A R S W W W W E C D I N X
T R F U D I A M O N D R A I D E
E S C Q L G N O L B O A M H T H
```

37
Drink Your Milk

All but one of the listed milk-related words can be found in the grid.
Can you work out which one is missing?

BEVERAGE
CALCIUM
CARTON
CATTLE
CHURN
COLD
CONDENSED
COW
CRATE
CURDLE
DAIRY
DRINK
FARMER
FRESH
FULL-FAT
GOAT

B	Y	J	B	S	J	U	G	E	Y	W	M	S	H	N	S
C	A	B	N	K	L	I	M	S	N	U	H	O	I	A	P
H	H	N	C	L	P	Y	S	P	I	E	A	I	O	I	U
U	N	A	I	I	O	S	E	C	R	O	I	D	T	D	I
R	L	T	N	G	M	N	L	A	B	O	E	G	D	E	F
N	D	T	A	B	E	A	G	E	E	R	T	E	Y	N	U
S	E	R	G	H	C	L	V	L	E	K	R	E	S	H	L
K	S	I	R	O	D	E	D	D	I	S	N	T	I	E	L
I	N	P	O	L	R	N	W	R	V	F	A	I	L	N	F
M	E	N	O	A	O	O	R	F	U	E	E	I	R	S	A
M	D	C	G	T	P	O	R	A	T	C	Y	E	L	D	T
E	N	E	R	R	D	E	Z	I	R	U	E	T	S	A	P
D	O	A	N	M	S	I	S	W	T	C	A	T	T	L	E
A	C	K	H	H	E	O	U	O	T	A	R	N	E	A	T
B	I	L	P	S	W	O	E	C	T	R	V	A	N	I	A
E	S	L	A	C	T	O	S	E	G	O	A	T	L	O	R
G	M	H	T	U	A	R	E	R	E	M	R	A	F	N	C

HYGIENE
JUG
LACTOSE
LONG-LIFE
MILK
ORGANIC
PASTEURIZED

PINT
POWDERED
PROTEIN
SKIMMED
UDDERS
VAT
WHITE

The missing word is _____!

38
On Your Bike

Once you've found all of these bike-related words, write out the leftover letters from top to bottom in the spaces below the grid to spell the punchline to the joke.

BASKET
BELL
BICYCLE
BRAKE PAD
BUNNY-HOP
CHAIN
CHROME
COG
CROSSBAR
CYCLIST
FOLDING
GEAR
GLOVES
GRIP
HANDLEBARS
HELMET
INNER TUBE
JERSEY
LIGHT
LYCRA
MUDFLAP
OFF-ROAD
PADLOCK
PEDAL
PUMP
PUNCTURE
PUSHBIKE
RACER
REFLECTOR
REPAIR KIT

```
T O F F R O A D A S A D D L E B
E O D E E P S R A B E L D N A H
Y B E L L H C I N N E R T U B E
R E C C O Y P E D A L S A F L U
S O S R L A N G I S U E S O I P
R P T R S I T E R S E V O L G A
E S O C E T P E P I E L T D H L
C R I K E J A E M L P A I I T F
A T I T E L N B C L P V K N P D
R P S T T S F Y I A E P R G U U
A U S I I A C E D L O H I T S M
B N W O L I N L R H I T A O H C
S C N N B C O D Y G E Z P T B H
S T P I I C Y N E K E R E D I R
O U U A K G N C S M R A R R K O
R R M H O U D A P E K A R B E M
C E P C B E B D U N I C Y C L E
```

RIDER
SADDLE
SHORTS
SIGNAL
SPEED
SPOKES
STABILIZER

SUSPENSION
TANDEM
TOE-CLIP
TIRE
UNICYCLE
VALVE

Why can't a bike stand up on its own?

_ _ _ _ _ _ _ _ _ _ _ _ ' _ _ _ _ _ _ _ _ _ _ !

39
Pizza Puzzle

Write out the leftover letters from top to bottom in the spaces below the grid to spell the answer to the joke at the bottom of the page.

```
N E N N A P O L I T A N A T O P P I N G
F C O A E A V G I A R D I N I E R A D R
I U E R I E M S E N I G R E B U A E C E
O A Z T E R R E N S R E P A C M K I A P
R S I I G G A M R O F O R T T A U Q P P
E E S C N E A T U I S M N D B P I Y R E
N U Y H A S T N E S C A A N T I P P I P
T C L O P A D E O G O A E R O N I S C N
I E I K P B S L I C E V N S I E Z I C E
N B M E E E A N C H O V Y H R N Z R I E
A R A E E F E E B I L I H C O U A C O R
C A F H D A T I R E H G R A M T O R S G
H B C E M O Z Z A R E L L A E S S F A Y
```

AMERICAN HOT	CHEESE	GREEN PEPPER	PINE NUTS
ANCHOVY	CHILI BEEF	GROUND BEEF	PIZZA
ARTICHOKE	CRISPY	MARGHERITA	QUATTRO
AUBERGINE	DEEP-PAN	MARINARA	FORMAGGI
BARBECUE SAUCE	FAMILY SIZE	MOZZARELLA	SLICE
BASE	FIORENTINA	NAPOLITANA	TOPPING
CAPERS	FOUR SEASONS	OREGANO	VEGETARIAN
CAPRICCIOSA	GIARDINIERA	OVEN BAKED	

Want to hear a joke about pizza?

_ _ _ _ _ _ _ _ _ _ , _ _'_ _ _ _ _ _ _ _ _ _ _ !

Attached...

All of these words are things that are attached to creatures.

ANTLERS
BEAK
CLAWS
FEATHER
FUR
GILLS
HOOVES
HORNS
MANE
MUZZLE
PAWS
PLUMAGE
POUCH
SCALES
SHELL
SNOUT
TAILS
TALON
TENTACLE
WHISKERS
WINGS

```
H C U O P E S B V S R I
S R I O S N N T W R I O
T N N A R F E A T H E R
B R O O E I L T M N O A
W T H U L C E E C R S G
M H I N T A E N A S G P
O G I A N T T T C R N F
E I I S A I E A U A I N
E L O C K R L C F T W S
S L Z I A E B L E U E G
N S M Z S K R E O V R S
E G A M U L P S O R T W
I A E P H M N O U E C A
B E A K L S H E L L R P
```

```
M C Q T P I G S T Y L F
M O E S U O H N E H I E
E W T R F O L D T S L S
I S T B U N A T H L R U
R H Y L A S G P M I O O
E E I H N Q O A A E C H
A D Y S U N U L G T O G
R F R I D T E A C L O O
E A A N E P C L R N P D
S N I S C D E H B I E R
E T V I R N I A B A U L
R G A I N V N M S K T M
V O B E E N E R R A W S
E R K T I P A D D O C K
```

...House

And all of these are places where animals live.

AERIE
AQUARIUM
AVIARY
BIRDCAGE
COOP
COWSHED
DOGHOUSE
ENCLOSURE
FISHPOND
FOLD
HENHOUSE
HIVE
HOLT
HUTCH
KENNEL
LAIR
PADDOCK
PEN
PIGSTY
RESERVE
STABLE
WARREN

Time for Bed

Look for all the bedtime-related words. When you've found them all, write down the leftover letters to spell out the answer to the joke.

```
S L U M B E R H E A D L I G H T S H P N
A S W N S W E A R Y N M A E R D I Y A K
S B T O D S N W O D E I L L E T J N N I
L E H C E T E S O P E R G Y T A R I N E
E D G T B H U R W R E S T H M U R S Y T
E T I U O G E O T O S U E A T D O E G W
P I L R T I Z N S T D S S S T M T E N I
Y M N N O N O P A T A A S O N U A O I L
S E O A G D D R H C H M H I H O M R N I
W H O L O I S G K E W G A S S N O R E G
O T M F H M I N I G H T I E T A B Z V H
R O F E R N E S R U O H L L A M S E E T
D M R A L A T E S L S M O O N L E S S E
```

ASLEEP	DOZE	MIDNIGHT	REST
BAT	DREAM	MOONLESS	SET ALARM
BEDTIME	DROWSY	MOONLIGHT	SHADOW
	EVENING	MOTH	SHUT-EYE
	GO TO BED	NIGHT DUTY	SLUMBER
	HEADLIGHTS	NIGHTIE	SMALL HOURS
	HIT THE SACK	NIGHTMARE	SNOOZE
	HOT DRINK	NOCTURNAL	SNORE
	INSOMNIA	NOD OFF	STARS
	LIE DOWN	OWL	TURN IN
	LIGHTS OUT	PAJAMAS	TWILIGHT
	MATTRESS	REPOSE	WEARY

What do you do if there's a gorilla in your bed?

_ _ _ _ _ _ _ _ _ _ _ _ _ _ _ _ _ _ _!

43
Weather Forecast

Can you find all the weather-related words in the grid? Once you've finished, write down the leftover letters to spell out the answer to the joke.

ACID RAIN
ATMOSPHERE
CALM
CHANGEABLE
CIRRUS CLOUD
CLIMATE
CUMULUS CLOUD
DEPRESSION
DRY
FAHRENHEIT
FLASH FLOOD
FREEZING FOG
GROUND FROST
GUST OF WIND
HIGH PRESSURE
ICICLE

```
L O W P R E S S U R E L C I C I
E D T N O I T A T I P I C E R P
T R U S C U M U L U S C L O U D
A E U O U D U O L C S U B M I N
M R F T L N M R E H T O S I O H
I E A U A C N A C I D R A I N Y
L H H G G R S Y N G D T S D G G
C P R R O E E U S H E S Q O U O
H S E O F T R P R P E I U O S L
A O N U G E A O M R E M A L T O
N M H N N M I V P E I L L F O R
G T E D I O N E S S T C L H F O
E A I F Z M D R H S R W D S W E
A M T R E R R C O U M R O A I T
B L W O E E O A W R Y O H L N E
L A E S R H P S E E A T G F D M
E C R T F T S T R O N G G A L E
```

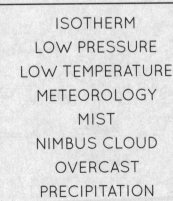

ISOTHERM
LOW PRESSURE
LOW TEMPERATURE
METEOROLOGY
MIST
NIMBUS CLOUD
OVERCAST
PRECIPITATION

RAINDROPS
SHOWER
SMOG
SQUALL
STRONG GALE
SUNNY SPELLS
THAW
THERMOMETER

What does a cloud wear under his raincoat?

_ _ _ _ _ _ _ _ _ _ _ _ _ _ _ !

44
Risky Business

See if you can find all of these business-related words in the grid on the opposite page.

ACCOUNTANT
APPRAISAL
ASSISTANT
BALLPOINT
BOARDROOM
BONUS
BOSS

FORM
HOLE PUNCH
IMPORTANT
INTERVIEW
IN-BOX
LAPTOP
LUNCH HOUR
MEETING

COLLEAGUE
COMMITTEE
CONFERENCE
CONTRACT
DEADLINE
DEBATE

BRIEFCASE
CALCULATOR
CHAIRMAN
CHART
CLIPBOARD

MOUSE MAT
NINE TO FIVE
NOTEPAD
ORGANIZER
PAPER CLIP
PAPERWORK
PERSONNEL
POST-IT NOTE
POWERPOINT
PROMOTION
RECEPTION

DECISION
DOCUMENT
EMPLOYEE
FAX
FOLDER

```
R N O I T O M O R P C L I P B O A R D X G L
E Y O G V P O W E R P O I N T D T O Y P G A
K N K T R E T O N T I T S O P E A T O A T P
R I O W E I V R E T N I G Y E C M A R P N T
O H G H L P K V E R R R X H H I E L G E E O
W O R K P L A C E D E E S A B S S U A R M P
T L Y A A E S D H D A E C R F I U C N W E E
N E E C T C L U D A M E I E A O O L I O T R
A P E C S O O E I I R E L S P N M A S Z A S
T U T O F P R N T T F T S M U T A C E K T O
R N T U E H A B F C N I B R A P I D R W S N
O C I N S U O P A E S I E O P E Y O O T I N
P H M T A S G S E T R D O R A R T H N N E E
M S M A S M E A A R N E A P A R S G E E E L
I B O N U S R N E I C I N T L E D T U M Y I
S D C T H V T I B L S L E C D L O R R U O N
G N I T E E M G A A L R I I E F A O O C L B
R U O H H C N U L H C O L P I S F B G O P O
D E A D L I N E F E C S C V E T A B E D M X
C O N T R A C T S S K S E L L O T A P E E Y
```

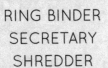

RING BINDER
SECRETARY
SHREDDER

SLIDESHOW
STAPLER
STATEMENT
SUIT

TAPE
TEAM LEADER
TELEPHONE
TIME SHEET
WORKER
WORKPLACE

45
Hair Raising

Comb through this grid to find all the hairdressing-related words.

APPOINTMENT
BASIN
BRAID
CHAIR
CLIPPERS
CONDITIONER
CRIMP
CROP
CURLERS
DYE
HAIRBRUSH
HAIRDO
HAIRSPRAY
HIGHLIGHTS
LAYER
LENGTH
LOTION
MIRROR

```
K V U E L Y T S E R D B E U E D
P A R T I N G H A I R B R U S H
M E E E G K A E N A U E H D A T
I T B E N N A W I R E Y A L E R
R T O G N O A D A B E C I S D I
R N R O U T I B A S I N R R T M
O E L D V N A T L N H E S E A T
R A E R C E C R I M P R P L D L
S G N I M M A O K D E E R L O U
T N E A A T B S O L N I A O L S
W C O H E N C C R P N O Y R T L
K D L E T I A U N S M E C H L O
O N V I S O C G E M T A G U A T
L A I S P P E N I M C I H Y E I
W E O S O P C D O A L H L S T O
N R N I E A E U A H B E A S O N
S E T G U L S R G I G Y W I N M
A E C D T S S I S K V D O O R R
P O R C E H H T I T S I L Y T S
```

MOUSSE
PARTING
RESTYLE
RINSE
ROBE

ROLLERS
SALON
SCISSORS
SHAMPOO
SINK

STYLIST
TOWEL
TRIM
WASH
WAVE

46
Body Parts

Try to find all the parts of the body listed in the grid.

```
N N D N Y G T T O R S O M Y H A N D G I
O R E A I S R I S A R R I U G E L A M G
S E S C E H R I P B D A U C S P A O Y L
E D S H K H S R I M A I O M A C U R E E
R L C E P I P D N I W L T S E T L E T E
I U H T O O T L E L L A K G H F N E B H
F O T A C R S U I A O N P I A K T L A K
R H E (A N K L E) R R E T E I D H S N C E
A S N T P Y E B H C D S L M U N I R K E
G N D I S L O T A E F I U M O A E T B H
R T O O F N A N A I E R B A R D I Y O C
L P N S E W O C S R E W C B D T B R N F
A T O N G U E T S N M W O B L E I A E E
```

ABDOMEN	HAND	SCALP
~~ANKLE~~	HEAD	SHIN
ARM	HEART	SHOULDER
BACKBONE	HEEL	SPINE
BRAIN	KIDNEY	TENDON
CHEEK	KNEE	THROAT
CHEST	LEG	THUMB
COLLARBONE	LIMB	TONGUE
ELBOW	MOUTH	TOOTH
FEMUR	MUSCLE	TORSO
FIST	NECK	WINDPIPE
FOOT	NOSE	WRIST

In the Kitchen

Can you find the listed cooking words in the grid? When you've found them all, write out the leftover letters from top to bottom in the spaces below the grid to spell out the punchline to the joke.

```
B A K I N G S O D A B E G N E G N A R R
L T O P P I N G L R C N M L N I R G Y E
T E X T U R E I E U I O A I E N E N T D
E C M A B L O A D S R S R O V G N I I U
D I C O A D D O S N E O G G A R E R L C
I P H T N C R E A R L V A N W E K O A T
B S I O R P R Y V O H E R I O D C V I I
L N M U Y D E I C O C N I K R I I A C O
E L M R Y C N E T S I S N O C E H L E N
A B I H E G N I L L I F E O I N T F P E
S A S M A I N C O U R S E C M T Z E S T
D E L B A T E G E V E T N E M I D N O C
```

ALMOND OIL	COLORING	HOB	SERVING
BAKING SODA	CONDIMENT	INGREDIENT	SPECIALITY
BREADCRUMBS	CONSISTENCY	LEMON PEEL	SPICE
	COOKING OIL	MAIN COURSE	TEXTURE
	DAIRY PRODUCE	MARGARINE	THICKENER
	DRESSING	MICROWAVE	TOPPING
	EDIBLE	MORNAY	VEGETABLE
	FILLING	OVEN	ZEST
	FLAVORING	RANGE	
	GELATIN	REDUCTION	

What do you call cheese that isn't yours?

_ _ _ _ _ _   _ _ _ _ _ _ _ _!

Find the Frogs

Can you find all of these amphibian-related words in the top grid?

AMPHIBIAN
AQUATIC
BULLFROG
CRESTED NEWT
CROAK
FLYING FROG
GOLIATH FROG
HORNED TOAD
MUDPUPPY
PLATANNA

SALAMANDER
SPAWN
TADPOLE
TREE FROG

```
C F L Y I N G F R O G
K R G O R F L L U B A
M G E Q S S E C H M I
U O E S S E I C P I K
D R N S T T E H B A R
P F H I A E I O O E T
U H E U N B D R D R A
P T Q S I T C N E Y N
P A N A E C A E E R N
Y I N W M M F D I W A
N L E S A R T T R I T
E O L L O P H O U N A
S G A G E O S A C D L
R S T E L O P D A T P
```

Queen Bee

See if you can find all of these female animals in the bottom grid.

COW
DAM
DOE
DUCK
EWE
GOOSE
HEN
HIND
JENNY
JILL

LIONESS
MARE
NANNY
PEN
QUEEN
SHE-CAT
SOW
TIGRESS
VIXEN

```
P K M V X Q R T S R T
A L A R A N T S U R I
A L D G M T E D U C K
J E N N Y R L X E P C
N E P R G I A I I W E
Q O L I O T A M R V E
H U T N D U A I K E S
S D E O O R C O W N H
A S N E E T Y N E E E
S C D I N L R H S N C
G J M I H E A P O S A
O I Y N N A N W O T T
R L I E L H O U G A S
E L O C D S R T I A E
```

Sounds Familiar

All the animal noises listed below can be found in the grid.

```
M F P U R R S N M S K A O R C B I N S I N
O S M M I N E S C L T F I B E K A E U Q S
T I L O A N S E T L W I A L E L G R N M S
E T N O I A E N W P U O E E L S R A K I T
E E N K P A R S H R E C H A I L T G M F A
W E N E R S I T I I E P K T A L K C A U Q
T N E R E I S A N H T P G Y E L R G N H M
I H S A E E T W N C L R R N E A I L I K P
C S E R T L O R Y E U F A N I E S S W L O
G H O O H R B M Y N W A R B L E S A T U T
A A R O C E E B T L N N E I G H U I Y W Y
R S E K O C E A O L W R O O C Q T P I A N
I E A C S P O H A G R O B E S T F T U L P
I G N U T O O H A M A E R C S O T O R T I
A E N C F L S R B W E O A G A E T I O H N
B U Z Z Y U E C L S R G Y A R M O E I W T
```

BAA	CROAK	HOWL	TWEET
BARK	CROW	MOO	TWITTER
BLEAT	CUCKOO	NEIGH	WARBLE
BRAY	GOBBLE	OINK	WHINNY
BUZZ	GROWL	PURR	WOOF
CHEEP	GRUNT	QUACK	YAP
CHIRP	HEE-HAW	ROAR	YELP
CLUCK	HISS	SQUAWK	
COO	HOOT	SQUEAK	

Body Language

One of the listed words appears three times in the grid. Which one is it?

AIR-KISS
ARMS FOLDED
BOW
CLAP HANDS
CLENCHED FIST
CURTSY
DIRTY LOOK
FINGERS CROSSED
FROWN
GESTURE
GLANCE
GLARE
GRIMACE
HANDSHAKE
HIGH FIVE
HUG
JUMP FOR JOY
LAUGH
LEER
NOD
NUDGE
POINT
POUT
PUNCH THE AIR
SALUTE
SCOWL

SHRUG
SMILE
SMIRK
THUMBS DOWN
THUMBS UP

WAVE
WINK

```
B Y A S H R U G I T N T N I O P
A D E S S O R C S R E G N I F E
O E I P T A C N P B E N I O T E
V T O A G H N L U U S A L U T E
N U R E L R A W A D S E I O A K
T L V D A T I N O P G B Y N O D
E A L E R R C A D R H E M O N I
W S A D E E L O E S F A L U H T
E T U L A S E R N H H Y N I H W
E A B O I R N H L P T A G D O T
O E C F T E C R G R J H K B S A
N I E S L E H O I U F M C E T S
A R E M N L E D M I A I Y N S C
G E O R C C D P V D A L L I U R
R U T A N W F E S M I R K R P P
I N H A I O I E A B O R T S E R
M E L T R L S N I N I S M C L A
A G E J C D T S K A Y K V O I O
C R O T H U M B S D O W N W M T
E Y I A E E R U T S E G N L S F
```

The word that appears three times is _____!

Go for a Walk

Can you find the listed hiking words in the grid? When you've found them all,
the leftover letters will spell out the punchline to the joke under the grid.

```
E T N S D I S T A N C E W I L D L I F E
P W A E R K R A P L A N O I T A N F L C
A O T L M A E R T S E B K F S H E R R I
C O U E T M L T E L R C L I L N O E C N
S D R S T I A U U C O O G I I O A S Y O
D L E I F N R O C T R N O L S K R H C I
N A T C T R G E S O P E T D Y T O A L T
A N R R N A A E D O N S A G T L E I E C
L D A E C E V M S L A I A T I U K R P E
K C I X E I F T B O E T B D I E O A A R
K H L E L L I H C L E G A B R O O K T I
C O U N T R Y S I D E Y S T I K N E H D
```

BINOCULARS
BLISTER
BROOK
CAGOULE
COASTLINE
CORNFIELD
COUNTRYSIDE
CREAKY GATE
CYCLE PATH
DIRECTION
DISTANCE

EXERCISE
FENCE
FLORA
FRESH AIR
HILL
HOLIDAY
LANDSCAPE
LIVESTOCK
NATIONAL PARK
NATURE TRAIL
OUTDOORS

RAMBLE
RECREATION
SIGNPOST
STREAM
TIRED LEGS
TRACK
TREK
WILDLIFE
WOODLAND

What do you do when a walker is rude to you?

_ _ _ _ _   _ _ _   _ _   _ _ _ _ _   _   _ _ _ _ _ !

53
Play Ball

See if you can find all of these baseball-related words in the grid.

BALLPARK
BASEBALL
BAT
CATCHER
COACH
CURVEBALL
DIAMOND
DUGOUT
FASTBALL
FLYBALL
GLOVE
HELMET
HOME RUN
INNING
MAJOR LEAGUE
MOUND
PITCHER
PLATE

```
J N L N H M Y K I H N F I D N S
O F I L O E R E O I U M P I R E
G N A U A A L M S S N O I A N Y
B D N S P B E M S A O N S M I H
A D T L T R Y N E R B E I O S C
T E L S U B O L I T I H T N G A
F A E N C D A N F R R S C D G O
B I M A J O R L E A G U E U O C
T E P V N R R S L E I S O T O Y
E D R G N I D E R E H C T A C T
S T S E L L A B W E R C S O R T
T R U N R W E E I A C P S O E E
R L D O A T T R I F U A N I H E
I L W L G A S N O G R M H T C U
K A K A L U C R E E V N I S T W
E B Y P E H D O D D E A R T I O
P E N I E E A I S O B R E T P R
H S U C I P L A Y B A L L G N H
M A K A E S C D S K L V O R T T
I B A M A E T E V O L G E N F S
```

PLAY BALL
RAIN CHECK
SCORE
SCREWBALL
SLIDE
STRIKE

TEAM
THROW
TOUCH BASE
UMPIRE
WALK
WORLD SERIES

54
Breakfast Time

All the listed breakfast words can be found in the grid.
See how quickly you can spot them all.

BACON
BAGEL
BANANA
BREAD ROLL
BREAKFAST

BUN
BUTTER
CEREAL
COFFEE
COLD MEAT
CORNFLAKES

CROISSANT
FIBER
FRESH FRUIT
GRANOLA
GRAPEFRUIT
HASH BROWN
HONEY
KETCHUP
MARGARINE
MILK
MIXED GRILL

MORNING
MUESLI
MUFFIN
NUTS
OATS
ORANGE JUICE
PANCAKE
SYRUP
TOAST
WAFFLE
YOGURT

J	S	X	Y	O	G	U	R	T	E	L	D	C	R	O	I	S	S	A	N	T
G	Y	D	D	P	N	G	W	H	L	K	Y	W	D	S	Y	B	I	E	M	N
I	R	S	I	O	N	T	E	O	D	O	A	N	H	S	E	A	I	E	A	T
L	U	A	C	I	T	U	R	E	F	F	R	C	P	L	N	G	N	F	R	N
S	P	A	N	O	E	D	B	R	F	B	S	A	N	A	O	E	I	F	G	W
E	B	R	A	O	A	S	E	L	O	R	T	E	N	A	H	L	Y	O	A	O
U	O	S	F	E	L	S	E	E	D	E	L	A	K	G	P	N	C	C	R	R
M	T	M	R	I	H	A	I	S	H	A	B	E	N	A	E	O	O	T	I	B
N	E	B	I	F	B	N	U	T	S	K	L	B	P	I	L	J	S	W	N	H
L	L	I	R	G	D	E	X	I	M	F	O	E	U	D	F	F	U	C	E	S
D	T	U	R	A	N	I	R	E	S	A	S	L	M	T	O	F	N	I	M	A
H	I	T	A	R	E	N	I	Y	P	S	T	E	S	E	T	O	U	R	C	H
T	C	P	U	H	C	T	E	K	D	T	A	K	L	I	M	E	A	M	O	E
L	G	R	A	P	E	F	R	U	I	T	O	R	T	L	A	E	R	E	C	C

55
Sea Creatures

Once you've found all of these words, write out the leftover letters from top to bottom in the spaces below the grid to spell the punchline to the joke.

BELUGA
BLUE WHALE
BOTTLENOSE
CLAM
CRAYFISH
CRUSTACEAN
CUTTLEFISH
DOLPHIN
GASTROPOD
HERMIT CRAB

JELLYFISH
KING PRAWN
MUSSEL
ORCA
PORPOISE
SEA ANEMONE
SEA SLUG
SEA URCHIN
SHELLFISH
STARFISH

W	C	R	U	S	T	A	C	E	A	N
E	B	D	O	P	O	R	T	S	A	G
L	D	O	L	P	H	I	N	E	H	H
A	I	N	T	E	T	H	T	A	S	S
H	H	H	W	T	S	E	N	A	I	I
W	H	S	S	A	L	S	T	N	F	F
E	S	E	I	I	R	E	U	E	R	Y
U	I	A	P	F	F	P	N	M	A	A
L	F	U	G	O	E	L	G	O	T	R
B	Y	R	I	U	R	L	L	N	S	C
O	L	C	C	K	L	P	T	E	I	E
R	L	H	L	E	S	E	O	T	H	K
C	E	I	C	L	A	M	B	I	U	S
A	J	N	G	U	L	S	A	E	S	C
B	A	R	C	T	I	M	R	E	H	E

How do you make an octopus laugh?

_____ ____-_____!

56
Ball   Games

Hidden in the first grid are five words that can come before BALL, and in the second grid are five words that can come before GAMES. How quickly can you find them all?

N	T	O	O	F	C	H
B	E	F	K	T	W	A
H	E	T	W	E	N	S
A	C	O	E	K	N	S
E	N	A	O	S	T	A
S	E	C	E	A	N	A
S	O	T	E	B	H	A

I	T	P	B	Y	V	V
P	E	E	I	I	I	E	O
A	T	E	D	D	I	E
R	O	E	A	T	E	C
T	O	C	R	I	A	O
Y	R	D	R	A	O	B
A	C	A	R	D	T	E

57
Feeling Unwell

Find all of these health-related words in the grid.

```
B L A T I P S O H C I N I L C P G C S
K W V J N C O N D I T I O N B A U U H
M E D I C I N E D Y D E M E R T R R G
F O Y F A T A I S I S O N G A I D E E
I I H C O N S L R B T G T K V E C O P
N Y R R A E T W P P Y S A S H N R A I
F T L S A M O I M M I M Y L A T R E D
E L L S T T R Y S M O N O L L A R Y E
C A E E E A S A E E D C U T M E R O M
T U W N S E I H H R P B P E A U R G I
I S N L F R C D O P M T D A J N Y G C
O A U L B T U M E A R I I N I H A O Y
N C A I L M E N T E C S I C K N E S S
```

AILMENT
ALLERGY
AMBULANCE
ANATOMY
ANTISEPTIC
CASUALTY
CHEMIST
CLINIC
COMPLAINT
CONDITION
CURE

DIAGNOSIS
DISEASE
DRUG
EPIDEMIC
FIRST AID
HOSPITAL
ILLNESS
INFECTION
INJURY
MEDICINE
NURSE

PAIN
PARAMEDIC
PATIENT
PHARMACY
REMEDY
SICKNESS
SYMPTOM
SYNDROME
TREATMENT
UNWELL
VIRUS

58
Face the Music

Can you find all the words related to musical instruments in the grid? Once you've found them all, the remaining letters spell out the punchline to the joke below.

ACCORDION
BALALAIKA
BASSOON
BAZOOKA
BONGO DRUMS
CHIMES
CLAVES
CONCERTINA
DOUBLE BASS
FRENCH HORN
GLOCKENSPIEL

```
S C O N C E R T I N A L
K L A K O O Z A B O E B
D E L B S Z E A C I L O
A O T E I E L U P D G N
R S U T B A V S E R N G
H E H B L R N A A O A O
C E E A L E A N L C I D
R H I D K E D L E C R R
W K I C O P B R U A T U
A A O M I R S A U B I M
N L T A E R G E S M U S
G B N O O S S A B S L T
E O N R O H H C N E R F
```

GRAND PIANO
KETTLEDRUM
REED ORGAN
TRIANGLE
TUBULAR BELLS
ZITHER

Why was the musician arrested?

_ _ _ _ _ _ _ _ _ _ _ _ _ _ _ _ _ _ _ _ _ _!

59
Dog Gone

If you find all the listed dog names in the grid, the leftover letters will spell out the answer to the joke.

BENJI
BONNIE
BOUNCER
BULLSEYE
BUTCH

CASSIE
FLO
FROSTY
GOLDIE
MAJESTY
MINSTREL
NIBBLES
OSCAR

PATCHES
PICKLE
PRINCESS
SCRUFFY
SHADOW
SNOOPY
SPARKY
TRAMP

A	W	R	E	C	N	U	O	B	N
B	P	A	T	C	H	E	S	I	A
E	T	P	O	E	T	C	B	C	Y
N	Y	L	R	R	L	B	T	K	H
J	F	E	A	I	L	K	R	U	F
I	E	M	S	E	N	A	C	R	B
Y	P	I	S	L	P	C	O	I	Y
T	E	N	N	S	L	S	E	F	P
S	I	S	O	N	T	U	F	S	R
E	D	T	O	Y	O	U	B	A	S
J	L	R	P	D	R	B	C	O	G
A	O	E	Y	C	A	S	S	I	E
M	G	L	S	W	O	D	A	H	S

What kind of dog keeps the best time?

_ _ _ _ _ _ _ _ _ _ _ _ !

60
Take a Trip

See if you can spot all of these types of transport in the grid.

BICYCLE   COACH

BUS   LORRY

CAR   TRAIN

E	B	E	Y	R	R	O	L	N	H
S	U	T	L	H	U	E	E	N	C
I	S	N	C	C	S	O	I	T	A
A	E	L	R	A	Y	A	I	N	O
S	E	O	T	A	R	C	E	L	C
R	I	N	A	T	S	O	I	T	E
H	U	R	I	A	E	L	N	B	S

61
Hoop Dreams

Have a go at finding all of these listed basketball-related words in the grid.

```
Y T J D D Y D R I B B L E D I C O A C H
K A E R B T S A F N L D H L L A B T J I
N G C G P N P I T U O E M I T A B T U W
E H O S R O C U O N T G K Y G A S A M D
E L U A L A S F C O A T E R S H S C P E
R E R S T I T S V M N V I K O N A K R C
C E T C T A D I E E A S E I W W P E L N
S R H I G N P E M S I T A M D I T R N U
H E U R I A I E L G S N R E A N N O I O
R F A C Y E V O N S K I L L E E C N O B
D E L L R O G A P N E R O C S U T M E F
I R S E M P L A Y E R A H N T O O H S R
```

ATTACKER
BALL
BASKET
BOUNCE
CATCHER
CENTER
CIRCLE
COACH
COURT
CUP
CUT
DRIBBLE

FAST BREAK
FOOTWORK
FOUL
GAME
HIGH
JUMP
MOVEMENT
PASS
PIVOT
PLAYER
POINTS
POSSESSION

REFEREE
SAVE
SCORE
SCREEN
SHOOT
SIGNAL
SKILL
SLIDE
TARGET
TEAM
TIME-OUT
WINNER

62
Fast Food

All these words can be found three times in the puzzle. Can you find all 21 words?

BURGER   KETCHUP

FRIES   MUSTARD

HOT DOG   NUGGETS

TOMATO

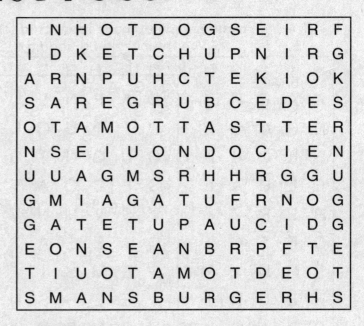

```
I N H O T D O G S E I R F
I D K E T C H U P N I R G
A R N P U H C T E K I O K
S A R E G R U B C E D E S
O T A M O T T A S T T E R
N S E I U O N D O C I E N
U U A G M S R H H R G G U
G M I A G A T U F R N O G
G A T E T U P A U C I D G
E O N S E A N B R P F T E
T I U O T A M O T D E O T
S M A N S B U R G E R H S
```

63
What a Catch

All these angling words can be found three times in the puzzle. Can you find all 27 words?

ANGLER

FISHERMAN

FLOAT

FLY

HOOK

LINE

REEL

RIVER

ROD

```
S T D S R E V I R F F T S
F I S H E R M A N L L R T
D S T I S R A T N Y O E D
K G N K H M E A I R A L A
O A O A F O M V E S T G T
O O N L M R O E I I A N N
H D O G E R L K S R F A E
D A O H L R E R E L G N A
T L S R E E L H O T I E R
I I D O R V R A S Y N N E
F N A O E I T G L I N M E
S E T I R R A F L Y F E L
```

64
The Tooth Hurts

All of these words are connected to a visit to the dentist.
Solve the puzzle by finding them all in the grid.

BRACES
CANINE
CAVITY
CHECK-UP
CLEAN
CROWN
DECAY
DRILL
ENAMEL
EXTRACTION
FILLING
FLOSS
GARGLE
GUMS
HYGIENIST
IMPLANT
INCISOR
INJECTION
MASK
MIRROR
MOLAR
MOUTHWASH
NERVE
NUMB
NURSE
ORTHODONTIST
PLAQUE

RINSE
SCALE AND POLISH
TOOTHACHE
TOOTHBRUSH
TOOTHPASTE
WHITEN
X-RAY

```
J G A R G L E N A M E L E Q D F
S S O L F S D B U K D X A E D A
G U M S E G E F P M T A B E E T
D E L P V A E C L R B S C A E N
H S I L O P D N A E L A C S E A
Y N E T I H W C Q R Y E R T M L
D T L R G R T R U S B U S A A P
K S S E U I D A E R N A E A S M
M I B I O I L L P S P W E D K I
O N T N T T O O T H B R U S H I
U E R O F N Y M T N R A R I N E
T I N S O T O O M I E O L J C O
H G G W I T O D N I S R E T H E
W Y U V O T H S O I R C V A E N
A H A R E R E A C H T R X E C I
S C N I S Y C N C I T R O E K N
H C L E A N I O O H A R D R U A
G N I L L I F N A Y E L O R P C
```

65
Bathtime

Look for all these bathroom-related words. If you find them all,
the leftover letters will spell out the answer to the joke.

AIR FRESHENER
BACK SCRUBBER
CERAMIC
COTTON BUD
COTTON PAD
ELECTRIC RAZOR
EXTRACTOR FAN
FACECLOTH
FAUCET
FROSTED GLASS
HAIRBRUSH
HAIRSPRAY
HYGIENE
LAUNDRY BIN
MEDICINE CHEST
NAIL BRUSH

B	E	C	O	T	T	O	N	P	A	D	L	T	T	C
T	N	I	B	Y	R	D	N	U	A	L	O	I	S	A
E	S	A	W	O	L	F	R	E	V	O	N	S	H	S
L	U	E	I	W	A	T	E	R	T	U	A	S	O	S
E	E	H	H	R	H	E	W	H	Y	L	U	A	B	A
C	N	T	R	C	F	N	B	T	G	R	P	A	P	C
T	A	O	E	T	E	R	I	D	B	D	C	L	E	H
R	F	L	W	E	U	N	E	L	I	K	U	R	Y	T
I	R	C	O	S	A	T	I	S	S	G	A	G	Y	O
C	O	E	H	V	S	A	H	C	H	M	I	D	A	I
R	T	C	S	O	N	T	R	O	I	E	O	M	R	L
A	C	A	R	E	A	U	L	C	N	D	N	K	P	E
Z	A	F	E	A	B	E	C	E	L	E	E	E	S	T
O	R	D	U	B	N	O	T	T	O	C	A	M	R	S
R	T	S	E	H	A	I	R	B	R	U	S	H	I	E
N	X	R	D	F	A	U	C	E	T	A	P	G	A	A
E	E	P	L	U	N	G	E	B	A	T	H	T	H	T
A	E	N	O	T	S	E	C	I	M	U	P	W	A	Y

OVERFLOW
PLUGHOLE
PLUNGE BATH
PUMICE STONE

ROBE
SHOWER
SOAP DISH
SUDS

TOILET SEAT
TOOTHBRUSH
VANITY UNIT
WATER

Why did the robber take a bath?

_ _ _ _ _ _ _ _ _ _ _   _ _   _ _ _ _ _ _ _   _ _
_ _ _ _   _   _ _ _ _ _   _ _ _ _ _ _!

66
BINGO!!!

Can you find all these bingo-related words in the grid?

BINGO   GAMBLE   NUMBER   TENSION

BOARD   GAME   ONLINE   WINNINGS

BOOK   HALL   PLAY

CARD   LAUGHTER   PRIZE

CASH   LINK   RANDOM

CELEBRATE   LUCK   REDRAW

COLUMN   MARKER   SESSION

CROSS OFF   MICROPHONE   SHOUT

EXCITEMENT   MONEY   SOCIAL

FELT PEN   NIGHT OUT   TABLE

```
Z X Y D D T S N T W I N N I N G S I P W
C T Y D R A O B D S R A I T M O D N A R
A U O N L I N E A R S T E I F A E D R H
S O S E S B J M N E P T L E F J C U I D
H H T S N E I I U P A R E T I M R S A R
T S E Y E O G N P L A Y N A A D O N L A
R S G I L H H S G A O E H R S E S O U C
B O O K T A T P R O M C K B O N S I E A
G I R O L P U R O E S E W E C O O S E C
P A U E K G E G T R R D E L I T F N R F
R T M C B D A I H H C L A E A N F E I E
I S U B R M C M A T B I L C L O G T H T
Z L U A L X U L E A E A M R M O N E Y E
E N W I E E L N T Y S R E K N I L O C D
```

Car Trouble

Can you find all of these garage-related words in the car-shaped grid?

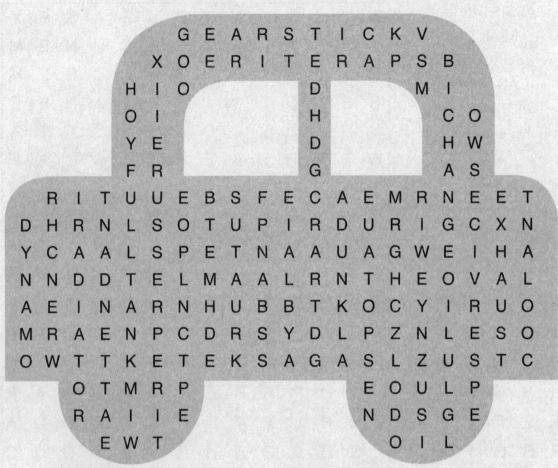

```
          G E A R S T I C K V
          X O E R I T E R A P S B
H I O         D         M I
O I           H         C O
O Y           D         H W
F R           G         A S
  R I T U U E B S F E C A E M R N E E T
D H R N L S O T U P I R D U R I G C X N
Y C A A L S P E T N A A U A G W E I H A
N N D D T E L M A A L R N T H E O V A L
A E I N A R N H U B B T K O C Y I R U O
M R A E N P C D R S Y D L P Z N L E S O
O W T T K E T E K S A G A S L Z U S T C
  O T M R P         E O U L P
  R A I I E         N D S G E
  E W T             O I L
```

ATTENDANT	DEAD BATTERY	PUNCTURE
CHANGE OIL	DYNAMO	RADIATOR
COOLANT	EXHAUST	SERVICES
	FUEL	SPARE TIRE
	FULL TANK	SPARK PLUG
	GASKET	SUMP
	GAUGE	TIRE PRESSURE
	GEARSTICK	WARRANTY
	MECHANIC	WIPER BLADE
	NOZZLE	WRENCH

68
School Lunch

Find all the school lunch-related words in the grid below.

ASSISTANT
BEANS
BURGER
CANTEEN
CASSEROLE
CHICKEN NUGGETS
COLD MEAT
COOK
CUTLERY
DISH
FRIES
GREENS
JUG OF WATER
KITCHEN
LADLE
LINE UP
MASH
MEAL
MENU
MONEY
NEXT PLEASE
PASTA
PIZZA
PLATE
POTATO
PUDDING
PUPIL
QUEUE

RICE
SALAD
SAUCE
SAUSAGE
SECOND HELPING
SERVING

TABLE
TRAY

```
W V J N E X T P L E A S E Y
X Q S A U S A G E C U N E M
P I Z Z A O N R R U C G F M
S E I R F I I O E T A N E E
S R E B V C O R G L S I T A
W T U R E K E H R E S P A L
T A E M D L O C U R E L L R
O S U G D P P O B Y R E P I
J A Q A G U O R C O O H I M
F U L B D U D T A R L D S H
N C G D I P N S A Y E N O M
O E I O U D S N P T E O V N
P N H E F I A U E E O C H T
G A N C S W P L R K R E S A
I I S T T I A G A M C S I B
L O A T L I Y T D S A I D L
L N T R A Y K B E A N S H E
T R N E E T N A C R N M H C
```

69
How Do You Feel Today?

Hidden in the grid are eight words related to being brave and eight words related to being scared. When you find them, write the brave words under the superhero and the scared ones under the frightened man. When you've found all eight of one kind, that's how you will be feeling today.

M	P	B	W	V	L	N	M	T	L	P	C	A	N
S	L	T	A	B	H	E	N	S	U	O	A	T	E
D	I	A	R	F	A	C	L	M	F	N	E	A	T
P	S	O	T	E	L	D	E	I	R	R	O	W	E
H	A	N	T	I	M	I	D	S	A	E	O	C	R
T	F	R	I	G	H	T	E	N	E	D	I	A	R
B	E	L	G	S	N	M	S	K	F	O	R	T	I
I	A	E	P	W	U	H	N	Y	Y	E	C	L	F
S	R	A	O	I	T	O	S	E	N	A	R	S	I
E	O	I	L	T	G	T	E	C	M	A	B	E	E
C	N	R	H	S	U	U	O	G	I	O	T	E	D
P	C	V	A	G	L	N	N	S	A	R	E	I	S
O	A	I	T	F	F	Y	U	E	C	R	D	L	R
G	N	M	O	I	E	O	I	S	A	K	U	H	Y
E	O	B	D	R	V	A	U	T	D	R	N	O	K
E	A	E	O	R	E	B	R	A	I	L	P	S	C
S	N	W	E	L	O	H	R	L	E	C	D	H	U
T	T	N	R	A	D	I	N	I	E	E	S	A	L
L	O	G	M	H	N	T	U	A	R	S	L	K	P
E	N	I	S	G	Y	E	O	C	D	A	S	Y	R

Snakes Alive

One of the listed snakes is hidden TEN times in the grid, but the others appear only once. Can you find them all?

ADDER   DIAMONDBACK
ANACONDA   GARTER SNAKE
BLACK MAMBA   MOCCASIN
COBRA   PYTHON
COPPERHEAD   RATTLESNAKE

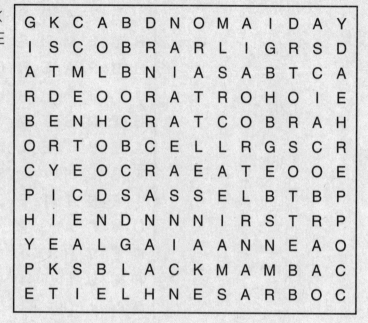

```
G K C A B D N O M A I D A Y
I S C O B R A R L I G R S D
A T M L B N I A S A B T C A
R D E O O R A T R O H O I E
B E N H C R A T C O B R A H
O R T O B C E L L R G S C R
C Y E O C R A E A T E O O E
P I C D S A S S E L B T B P
H I E N D N N N I R S T R P
Y E A L G A I A A N N E A O
P K S B L A C K M A M B A C
E T I E L H N E S A R B O C
```

Tear It Up

Find all the ripping words in the grid.

RIIIIPPP!

DIVIDE
REND
RIP
SCRATCH
SHRED
SPLIT
TEAR

```
D N E R N L V A N A
E L N S E T A E C L
I N H A S S T E R H
R D I C A E H I L N
S I T P T E P R C R
A V I N S A T E E L
T I A R H I R I E D
N D S A L T E C C D
L E R P I N E A S P
S T S R I E T E A R
```

72
Down on the Farm

Find all the listed farm-related words in the grid.

AGRICULTURE
BARLEY
BARN
CATTLE
CORNFIELD
CULTIVATE
DAIRY
FARMER
FERTILIZER
FLOCK
FODDER
FOWL
FURROW
GRAZE
HARVEST
HAYSTACK
IRRIGATION
LIVESTOCK
MARKET

I	E	Z	A	R	G	N	S	I	L	A	G	E	Y	N	H
R	L	F	M	N	S	N	S	C	R	H	M	E	D	N	A
R	B	P	A	S	N	C	S	E	A	K	L	N	A	M	Y
I	A	S	P	R	A	H	Z	R	K	R	N	S	I	E	S
G	T	N	S	T	M	I	V	E	A	O	E	O	R	M	T
A	E	B	T	E	L	E	K	B	D	F	Y	C	Y	N	A
T	G	L	H	I	S	S	R	C	O	H	E	P	R	A	C
I	E	N	T	T	E	S	O	A	O	C	E	D	N	O	K
O	V	R	A	G	R	I	C	U	L	T	U	R	E	D	W
N	E	M	R	O	T	C	A	R	T	I	S	S	L	E	A
F	C	U	L	T	I	V	A	T	E	P	H	E	E	E	Y
G	N	I	D	L	I	U	B	T	U	O	I	D	V	O	R
M	T	F	N	H	E	A	F	B	W	F	K	I	P	I	T
N	A	U	O	S	G	L	O	A	N	I	D	E	D	A	L
R	E	R	N	W	O	U	R	R	L	I	E	L	S	O	U
A	H	R	K	C	L	T	O	L	M	H	U	A	E	E	O
B	W	O	K	E	S	C	E	R	E	D	D	O	F	I	P
N	I	W	S	E	T	R	O	D	T	P	I	G	S	T	Y

OUTBUILDING
PIGSTY
PITCHFORK
POULTRY
SCARECROW
SILAGE
STRAW

TRACTOR
TROUGH
VEGETABLE
WEEDKILLER
WHEAT
YIELD
YOKE

73
You Bet

Find all the words related to casinos in the grid below.

ANTE
BACCARAT
BET
BLACKJACK
BLUFF
BUST
CARDS
CASHIER
CASINO
CHANCE
CHIPS
CREDIT
CROUPIER
DEALER
DECK
DICE
FOLD
FRUIT-MACHINE

```
Y B A C C A R A T V L Y M N R
S R O N O N I S A C O U E G E
A I B N S F S C M O I C C P L
G S W L O G H H H N A Y R K A
E K R L A A N J U F D O E I E
V B D E N C A I R F N O D I D
S L L C I C K E N L F S I T G
A U E O K H K J M N D L T D N
L F R P S O S H A R I I E O T
P F O V P E E A A C L W N R C
E T I O T Y R C C E K D L R R
E N I H C A M T I U R F O M O
R K G A M B L E G D T U E T U
N E C M R I S A T H P T E S L
O S U E R N E E A I S I L U E
P I G S D W B O E Y E D T B T
R A S P I H C R S S T A K E T
W R A T O K E N N I E T N A E
```

GAMBLE   POKER FACE   STAKE
JACKPOT   RAISE   SYSTEM
LAS VEGAS   RISK   TOKEN
LOSER   ROULETTE   WAGER
LUCK   SHUFFLE   WINNINGS

Fairy Story

Can you find all these mythical creatures hidden in the grid?

CYCLOPS
DRAGON
GENIE
GHOUL
GIANT
GNOME
GREMLIN
HOBGOBLIN
KELPIE
LEPRECHAUN
MEDUSA
MERMAID
MINOTAUR
NYMPH
OGRE

```
S V Z D G N S I R E N I T E Y
U A T D E A I S S T F P A S C
S U D M N T A L B Y H S S T H
A N A C I D E F M O L P S O N
G I A K E N L I E E O P B N Y
E C D T C O O N P L R G H U M
P O A R W O I T C L O G L A P
S R T E A X L Y A B E U T H H
F N R A T G C R L U O K O C B
E E C R D S O I A H R N O E E
W R O S P U N N G W T E T R M
E L V R E A L N R E G I H P O
L R I D I A M R E M S I F E N
A T G T X M E D U S A E A L G
E C D O I L R N I S A K I N H
E V A M P I R E U T R N R E T
A B I L S E I B M O Z W Y E C
K O O P S D T R F A N I E S L
```

PEGASUS   SPRITE   VAMPIRE
PHOENIX   SYLPH   WARLOCK
PIXIE   TOOTH FAIRY   WEREWOLF
SIREN   TROLL   YETI
SPOOK   UNICORN   ZOMBIE

75
Crazy Golf

Can you find all the miniature golf words in the grid? When you've found them all, write out the leftover letters from top to bottom in the spaces below to spell out the answer to the joke.

AIM
ASTROTURF
BEND
BRIDGE
BUNKER
COURSE
CRATER
CRAZY
FUN
GOLF
GRASS
GREEN
HILL
HIRE
HIT
HOLE
HOLIDAY
LIGHTHOUSE
LOOP THE LOOP
MINIATURE
MISS
NOVELTY
PATH

PAY
PENCIL
PIPE
PLAYER
PUTTER
RAMP

SCORECARD
SEASIDE
SHOT
SLOPE
STROKE
SWING

TEE
TOURIST

TURN
WATER
WINDMILL

```
F S G N I W S A E H T A P E H
U H L I N T S I R U O T C E O
N O A O S W E M I T S H O T L
E L H S P L I G H T H O U S E
R I C S M E E N E S Y I L S Y
U D R A A F P P D G S O T T E
T A A R R U R R I M O I L R T
A Y Z G T B A U R P I E M O R
I A Y T R C H S T E V L T K E
N O E I E E D H E O K U L E T
I R D R R N E Y N A R N L E A
M G O E E L A N I N S T U N R
E C T B O P L A Y E R I S B C
S A C O U R S E H I L L D A O
W N P F L O G L I C N E P E E
```

Why do golfers wear two pairs of pants?

__ ____ _____ _____ ____
_ ____ __ ___!

76
Something Fishy

Can you find the listed fishing words in the grid? When you've found them all, write out the leftover letters from top to bottom in the spaces below the grid to spell the answer to the joke.

```
T T E N G N I D N A L W I L D L I F E
H I D L W K N W P E D T I M R E P R O
G P A O U E S A E O T R L I C E N S E
I T R B K N S A R T F I O C E A N M H
E M A E D T C G L I N V B T E K S A B
W N E C I N N H S F R E S H W A T E R
D W I M K I U H B E I R R S E T O R E
A R E L H L E O S O E B E R R E P T D
E G Y S E R E E R D X A D L U N K S E
L A I F M E R B I G S N A U L C N P E
M F X A L E R L O O A K W L M H O U F
I F N N E Y S F N X E E C N E I T A P
```

BASKET	FISHERMAN	LANDING NET	PATIENCE	TACKLE BOX
BITE	FISHING ROD	LEAD WEIGHT	PERMIT	TENCH
CURRENT	FLASK	LICENSE	RELAX	UPSTREAM
DRY FLY	FREELINE	LUNCH-BOX	RESERVOIR	WADERS
FEEDER	FRESHWATER	LURE	RIVERBANK	WEEKEND
	GAFF	MUD	SEASON	WET
	GROUNDBAIT	OCEAN	SLIDER	WILDLIFE
	LAKE	PASTIME	STOP KNOT	WORM

How do you communicate with a fish?

_ _ _ _ _   _ _ _   _   _ _ _ _ _ !

77
Enter Password

See if you can find all these computer-related words hidden in the grid.

ADDRESS BAR
BLOG
BOOKMARK
BROWSE
COMPUTER
CONNECTION
COOKIE
COPYRIGHT
DATA
DIALING
DIRECTORY
DOMAIN
DOWNLOAD
FAVORITES
FILE
FIREWALL
GAME
GOOGLE
INTERNET

```
H V H H T N U K R O W T E N P
S D H M E O U E T I S B E W C
E I N O N G T H G I R Y P O C
R A W U R O C P A Y W A L L N
F L I S E L D O W N L O A D H
E I K E T S W I R E L E S S S
R N I S N U E O T P G A V N O
E G P C I S U T Y E D A C N F
T M E S O T S L I D L Y M G T
U A D U E N L H R R R B O E W
P E I R L A N E U O O L A B A
M A A F W A S E T D B V O T R
O T S E E S N C C C O O A E E
C N R S B L E I O T K M S F O
E I L A W R G O M M I W A O A
F P R I I O K O A R O O H I S
A T A D N I R R O R E A N E N
C F I L E K K D B G Y T D T R
```

LINK
LOG ON
MOUSE
NETWORK
PASSWORD
PAYWALL
REFRESH
ROUTER

SOFTWARE
SURF
TABLET
TERMINAL
WEBSITE
WIKIPEDIA
WIRELESS
YAHOO

78
Black Belt

All the listed words are connected to martial arts. Can you find them all?

AIKIDO
AIM
BASHO
BELT
BLOCK
BODY
BOUT
CHINA
COMBAT
CONTROL
DAN
DEFENSE
DOJO
EFFORT
FIGHT
FLUIDITY
FOCUS

```
T T R O F F E L E J L E R C
E U M E S Y S B A Y K S O E
M I O L D R T P O C G N T E
A A E B S A A I O D T E H R
H E R T T N R L D R Y F R L
C S E T A A B G O I T E O R
N E L J I R T L E B U D W T
U G N K C A A N O S R L I E
P I I P H W L K M N Y R F U
N D E F I G H T U L I O S F
O R E N A R S I S P J E C G
C U S T I J U J S O L G O N
H N M A E N F R D H S P M U
I A T A E K W O N D O I B K
N D K I C K E P C I R A A L
A N E K E N D O S U M A T I
S A O D U J Y E O H S A B E
```

JUJITSU   POISE
KARATE   PUNCH
KENDO   SPIRIT
KICK   SPORT
KUNG FU   SUMO
GRADE   MARTIAL   TAE KWON DO
JAPAN   MAT   TAI CHI
JUDO   NINJA   THROW

A Girl's Best Friend

All the words in this word search are
connected with jewels. Can you find them all in the grid?

AMBER
AMETHYST
DIAMANTÉ
DIAMOND
EMERALD
GARNET
JET
JEWEL
ONYX
OPAL
QUARTZ
RHINESTONE
RUBY
SAPPHIRE
TOPAZ
ZIRCON

```
C Q U A R T Z G W X Q S
C L S U T E N R A G D I
S L E G S O C R I S I O
L A B N P T E H D U A I
N N P A O B O I S J M O
E O L P M T A P D E O C
D C Y A H M S L A T N X
L R R B A I A E G Z D Y
I I N N U R R E N S O N
T Z T R E R I E E I L O
H E A M E T H Y S T H U
A N E S E O L E W E J R
```

Mini Word Search

Hidden in the
first grid are five
words connected
with being joyful.
In the second
grid are five
words connected
to the color
pink. Can you
find them all?

TICKLED

```
R L C U P G G Y
D M Y R L S P A
E L R A E P S E
S A D E A C L R
U A S H S E H U
M D E R E E H C
A R A E D L G M
S E C R A S E L
```

PINK

```
S R O S E F I T
C A F E L L A E
R I L A Q A T Q
N S R M T M N E
R O I N O I E S
C E T E C N G L
R I N A S G A O
T E R I A O M E
```

81
Beginner's Luck

All these words connected to learning something new can be found in the grid.

AMATEUR
APPRENTICE
ASSISTANT
BEGINNER
CADET
CANDIDATE
COLT
CUB
FIRST YEAR
FRESHMAN
GREENHORN
INITIATE
L-DRIVER
LEARNER
NEOPHYTE
NEW BOY
NEWCOMER
NEW GIRL
NOVICE

```
K N A M H S E R F F T S O L L
L L R I G W E N I N C L R G M
S K P U P I L R E H H L Y E A
Y O B W E N S D O S S L T R S
E G P O S T U L A N T A M E S
E C F R Y T A E B H U S P M I
R U I E S R O M T D C R V O S
O T A T L C S R A A O A A C T
M R B R N Y A R D B I E D W A
O A E A C E G N A I T T E E N
H I G T L R R T D Y N I I N T
P N I S E G I P H I K A M N C
O E N D B O S P P O D A N O I
S E N K N U O H O A U A L D A
B U E E R E C R U I T T T I L
S W R C N T O O F R E D N E T
N O V I C E G R E E N H O R N
F A R E V I R D L E A R N E R
```

ORDINAND
POSTULANT
PROBATIONER
PUPIL
RECRUIT
ROOKIE
SCHOLAR

SOPHOMORE
STARTER
STUDENT
TENDERFOOT
TRAINEE
TYRO
UNDERGRADUATE

82
What's the Emergency?

Can you spot the word in the list that does not appear in the grid?

AMBULANCE
BANDAGE
BEDPAN
CARE
CASE
CASUALTY
CHECKUP
CLINIC
CURE
DOCTOR
DOSE
DRIP
DRUG
EMERGENCY
FIRST AID
HOSPITAL
INJECTION
MATRON
MEDICINE
MIDWIFE
NURSE
OPERATION
PARAMEDIC
PATIENT
RECOVERY
SCRUBS
SLING
STRETCHER

SURGERY
SWAB
SYRINGE
TABLET
TROLLEY
WARD
WHEELCHAIR
X-RAY

```
K H O S P I T A L S B U R C S
D V N A P D E B C L I N I C T
X R C H E C K U P F C A S E N
E R I A H C L E E H W O T S E
K M D P C A R E S O D O R R I
D B E H M I D W I F E O E U T
O A M R E N S Y L G P M T N A
C W A N G C R Y A E E S C Y P
T S R W O E N D R D O U H T T
O U A G V R N A I I R T E L R
R R P O N A T C L E N L R A O
D G C G B I I A Y U B G N U L
S E U O O N L I M A B L E S L
R R T N E F E S T N R M H A E
D Y S D I A T S R I F X A C Y
```

The word that does not appear in the grid is _____!

83
Hair...

One of these hairdressing words can be found ten times in the grid. Can you spot which one it is?

BANGS
BRUSH
CHAIR
CLIPPERS
COMB
DYE
LAYERED
MULLET
SCISSORS
SINK

```
T G F D E R E Y A L K A N T
A N E T A C E Y A C D N T E
H S I N K U O I D O B A E L
G M N T P E D M R M M A I N
E U L T A R H U B B O I E N
S L C L I P P E R S C A T Y
E L B D S L R R G I N E A P
S E T M H C R F I I E L H U
A T N S O S I E O A D R E T
I A U M C C E S B L H G S N
S R B K O O R M S T I C G A
B E P M M H O N Y O U E N D
L S B R B C C O M B R A A O
I T E N A R B M O C S S B E
```

84
...Dryer

```
N R C D H N H R U R G N M B
S E P R C E A R E X I M L R
P T R Y O N A C J D S E L E
E S A E O V I T T U N L A Y
A A D R R U E B E D I E H R
K O I U J E I N E R N C L D
E T O S M O T R G A T Y E B
R C L I S P E A K E R S G R
S M X N I N A R E T S A O T
P E E O I D A R S H O T I L
R V H U A N S O Z Z C T I A
O B L G G R I L L N M S K O
```

Listed below are 10 electric appliances, and each can be found twice in the grid. Can you find all 20 words?

BLENDER
DRYER
GRILL
HEATER
JUICER
MIXER
OVEN
RADIO
SPEAKERS
TOASTER

85
Bacon...

Each of these meat-related words can be found three times in the grid. How quickly can you find all 30 words?

BACON   PEPPERONI
BEEF   PORK
BURGER   RIBS
HAM   SALAMI
MEATBALL   SAUSAGE

T	T	K	S	A	U	S	A	G	E	N	E	T	M
P	C	R	N	I	B	K	S	B	I	R	G	M	E
R	E	O	B	A	N	R	R	N	O	C	A	B	A
E	T	P	C	U	E	O	O	O	H	H	S	S	T
G	I	O	P	G	R	R	R	N	P	M	U	A	B
R	N	P	R	E	E	G	F	E	E	B	A	L	A
U	I	U	O	P	R	S	E	A	P	S	S	A	L
B	B	M	P	R	A	O	T	R	B	P	F	M	L
A	T	E	A	L	K	B	N	I	C	E	E	I	H
C	P	I	A	L	A	H	R	I	B	S	E	P	A
O	N	M	L	L	A	B	T	A	E	M	B	F	M
N	I	T	L	M	I	S	S	A	U	S	A	G	E

86
...and Eggs

X	O	B	O	I	L	E	D	E	K	C	A	R	C
N	F	R	E	T	A	E	B	S	L	B	L	C	N
N	R	L	N	A	L	P	N	S	O	Y	L	R	A
X	I	L	I	L	T	I	R	I	Y	O	E	A	R
O	E	E	E	N	E	E	L	O	S	L	H	C	E
B	D	H	T	T	A	E	R	C	T	K	S	K	T
F	S	S	O	O	D	F	R	D	B	E	H	E	A
S	R	R	R	C	R	A	C	K	E	D	I	D	E
H	P	I	P	I	C	P	N	S	A	L	A	N	B
E	B	T	E	K	K	L	O	Y	T	N	I	A	X
L	O	D	E	D	E	I	R	F	E	K	L	O	Y
L	X	D	B	O	I	L	E	D	R	S	B	T	B

All these egg-related words can be found four times in the puzzle. Can you find all 32 words?

BEATER   FRIED
BOILED   PROTEIN
BOX   SHELL
CRACKED   YOLK

87
Anyone for Tennis?

Have a go at finding all the listed tennis words in the word-search grid.

ADVANTAGE
BACKHAND
BACKSPIN
BALLBOY
BASELINE
BOUNCE
BREAK POINT
CROSS SHOT
DEUCE
DOUBLES
DROP SHOT
FOOT FAULT
FOREHAND
GRAND SLAM
HALF-VOLLEY
HARD COURT
KICK SERVE
KNOCK UP
LINE JUDGE
LOB
LOVE

```
W M S I N G L E S E L B U O D
T E A J S G P U M R A W O I W
O O C T Y T I E B R E A K L I
H H H I C E R I G N M N B L M
S A I S V H T O I N I S A A N
S L R O P R P L K A T D L C I
S F L D R O E O U E V S L T P
O V Y A C S R S I A D G B E S
R O L N A O E D N N F M O N K
C L D B I T U T A H T T Y S C
Y L T E P A A R S B H E O T A
R E N O U G G A T N O E A O B
I Y I R E C M L S W E U D T F
R N O E F S E G D U J E N I L
T U P C K I C K S E R V E C O
E M K E A N I E S L G M H U E
K P A I D N A H E R O F T T A
C I E V R E B A C K H A N D N
A R R E T U R N I Y S E D A L
R E B R R T N I P U K C O N K
```

MATCH POINT   RECEIVER   SMASH
NET CALL   RETURN   STROKE
OUT   SERVICE   TIEBREAK
RACKET   SET POINT   UMPIRE
RALLY   SINGLES   WARM-UP

Feeling Sporty

Find all the sports equipment in the grid, then write the leftover
letters in the spaces below to spell out the punchline to the joke.

CROSSBAR
DUMBBELLS
FOOTBALL
GOGGLES
HOCKEY STICK
ICE SKATES
LEGGINGS
LEOTARD
PARALLEL BARS
PING-PONG BALL
POMMEL HORSE
RUNNING SHOES
SHUTTLECOCK

P	A	R	A	L	L	E	L	B	A	R	S	B	K
E	C	L	U	D	R	A	O	B	F	R	U	S	C
K	P	A	L	N	U	A	S	E	S	H	L	N	O
C	O	S	D	A	N	E	B	S	A	L	E	O	C
I	M	L	E	U	B	I	W	S	A	Y	O	O	E
T	M	L	E	T	M	G	N	S	S	R	T	K	L
S	E	A	U	G	A	B	N	G	N	O	A	E	T
Y	L	B	N	I	G	K	B	O	S	N	R	R	T
E	H	T	G	A	W	I	S	E	P	H	D	C	U
K	O	O	A	Y	F	R	N	E	L	G	O	U	H
C	R	O	O	M	T	H	E	G	C	L	N	E	S
O	S	F	G	O	G	G	L	E	S	I	S	I	S
H	E	P	O	R	G	N	I	P	P	I	K	S	P
B	A	L	T	E	N	N	I	S	B	A	L	L	L

SKIPPING ROPE
SNOOKER CUE
SURFBOARD
TENNIS BALL

Why can't Cinderella play soccer?

_ _ _ _ _ _ _ , _ _ _ _ _ _ _

_ _ _ _ _ _ _ _ _ _ _ _ _ _ _ _ _ _!

Washing Up...

See if you can find all of these dishwashing words in the grid.

S	B	U	R	C	S	U	T	E	N	S	I	L	L	D	M	V
Y	D	P	L	U	G	H	O	L	E	W	A	T	E	R	H	M
N	R	U	S	M	B	D	N	H	T	N	P	D	W	I	T	S
C	P	E	S	E	R	B	S	N	R	A	I	A	O	P	O	P
L	U	O	K	A	L	I	E	E	A	S	B	R	T	D	L	A
E	C	T	I	C	D	B	R	R	H	P	E	L	A	R	C	R
A	A	N	L	Y	O	U	B	W	G	C	E	I	E	Y	H	K
N	E	P	T	E	O	R	A	U	U	L	G	C	T	T	S	L
R	T	R	L	C	R	S	C	A	B	L	O	U	U	K	I	I
N	I	M	S	A	H	Y	S	T	A	C	K	V	M	A	D	N
D	W	I	P	E	T	E	A	S	P	O	O	N	E	O	S	G
H	S	U	R	B	O	E	S	P	U	G	N	I	H	S	A	W

BRUSH	CROCKERY	GLASS	STACK
BUBBLES	CUTLERY	MUG	SUDS
CLEAN	DIRTY DISHES	PLATE	TABLET
	DISHCLOTH	PLUGHOLE	TAP
	DISHWASHER	RUBBER GLOVES	TEACUP
	DRAINER	SAUCEPAN	TEASPOON
	DRIP-DRY	SAUCER	TEA TOWEL
		SCOURER	UTENSIL
		SCRUB	WASHING UP
		SOAK	WATER
		SPARKLING	WIPE

...Liquid

Now have a go at finding all of these liquid-related words in this grid.

BATH
BEVERAGE
COFFEE
DELUGE
DIESEL
DRINK
DRIP
DRIZZLE
FLOOD
FLUID
FOUNTAIN
HONEY
JUICE
KETCHUP
LEMONADE
MILK
NECTAR
PUDDLE
RAPIDS

```
J Q G D E N R I V E R B N Y G
N N M R G C T I A H S B G T N
M O T I U I A N T P Y C E E N
L P L N L E G A R E V E B E W
R E U K E K B A S R F A C L E
O E M H D I Y T N F A T R S L
S O T O C J I L O T A R G M L
A S N A N T U C D R T I D E D
B Q I C W A E I N O D V R I H
S U A S E A D K C I O U U I O
T A T A L N D E E E R L I Y S
O S N A T R L S L S F E F E Y
E H U C I Z E L R D H T G N N
M I O P Z L P U O S D O S O A
K H F I S H A M P O O U W H E
O T R R N S D I P A R E P E A
B D E C U A S T R E A M I L R
```

RIVER
RIVULET
SAUCE
SEA
SHAMPOO
SHOWER
SLEET

SOUP
SPRAY
SQUASH
STREAM
TIDE
WATER
WELL

91
Blue Jeans

See if you can find all of these jeans-related words in the grid.

BELT
BOOTLEG
BOYFRIEND
BUTTONS
COTTON
CREASE
DENIM
DESIGNER
~~DIESEL~~
DRAINPIPE
DYE
FADED
FLARES
FRAYED
HEM
HOLES
JEANS
LABEL
LEE
LEGS

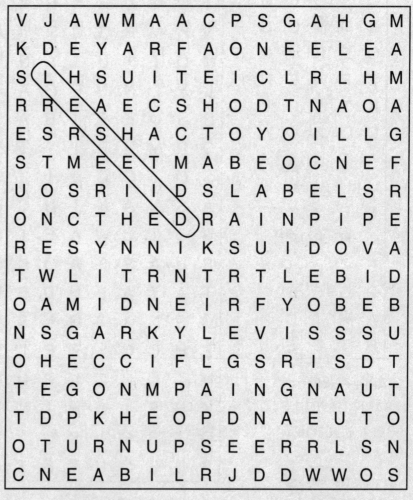

```
V J A W M A A C P S G A H G M
K D E Y A R F A O N E E L E A
S L H S U I T E I C L R L H M
R R E A E C S H O D T N A O A
E S R S H A C T O Y O I L L G
S T M E E T M A B E O C N E F
U O S R I I D S L A B E L S R
O N C T H E D R A I N P I P E
R E S Y N N I K S U I D O V A
T W L I T R N T R T L E B I D
O A M I D N E I R F Y O B E B
N S G A R K Y L E V I S S S U
O H E C C I F L G S R I S D T
T E G O N M P A I N G N A U T
T D P K H E O P D N A E U T O
O T U R N U P S E E R R L S N
C N E A B I L R J D D W W O S
```

LEVIS
PATCHES
POCKETS
RIPPED
SEAMS
SKINNY
STITCHING

STONEWASHED
STUDS
TIGHT
TROUSERS
TURNUPS
WAISTBAND
WRANGLER

92
Line Dancing

All the words in this puzzle are related to line dancing.

```
O S C J S T O O B Y O B W O C S P U R S
L T M O S P R G T H R P R H Y M C U S S
O E F I O E E E N E I H O G E H M P S E
S P W E N R I T H I I G Y P E E A U A O
K T F O L R D T S N C K H C U C L R I H
C O A O A E E I E E L N K H E L O T L S
A T N V R G H S N A L E A O E U A F O D
J H C W O W T T W A D K T D T E O R R E
E E Y T O O A L O S T L N I E L L A S T
L R F E N D E R H T E I N I L N L S T N
P I E V M E I D E G E O O W M I A E I
P G E D A O R O T U I V W N A T K L P O
A H T C N T M S H C O A S T E R S T E P
R T B E L T B U C K L E C N A D N R A B
```

APPLEJACK

BARN DANCE

BELT BUCKLE

CAMEL WALK

CHECKED SHIRT

COASTER STEP

COORDINATION

COWBOY BOOTS

FANCY FEET

FOLLOW

FORWARD

HEEL TOE

HIGH HEELS

HOEDOWN

LINE DANCING

MOVE

POINTED SHOES

POPULAR

RENO

RHINESTONE

ROUTINE

SAILOR STEP

SKILL

SOLO

SPURS

STEEL TOE CAPS

STEP TO THE RIGHT

TOGETHER

TO THE LEFT

TWINKLE STEP

TWIST

VARIETY

```
I T C D H B G W Z I N
T E I N E E A O T E C
D L S D Z I N R O T E
H R S I E I E L L G N
O T A E C E D R I E N
S M R B U L R U S H Y
P E G O L L T A R H U
A I E A N S O P A T Y
P E W O C D A L R G M
Y N I N O M E A S O T
R R I E P B L N R O C
U H U A A N M S E A O
S C S D R T I A A T E
L G N M S O R T B S I
```

Lawn...

Can you find all of these grass-related items in the top grid?

~~BAMBOO~~   PAPYRUS

BARLEY   REED

BULRUSH

CORN

GRASS

LAWN

MAIZE

OATS

PAMPAS

...Mower

Now have a go at finding all of these words in the bottom grid.

AX
BLADE
CUTTER
EDGER
HATCHET
HOE
MOWER
PRUNER
SHEARS
TRIMMER

```
I N E L G P B W X I N
O L I D E R E W O M N
S O R D G A C D H R L
I N A E A E S O O E U
I L A L M S R G E T P
B N S O H M T P C T R
D A I E N S I O L U U
T A A B U I E R N C N
S R O A T E C D T L E
S R H A T C H E T S R
G M I N E A A P S O T
R I E L X H U A N S E
O C D E R T I A B E L
G N M S O R T I A E P
```

95
Bunny Hop

See if you can spot all of these rabbit-related words hiding in the grid.

BREED
BROWN
BUCK
BUNNY
BURROW
CABBAGE
CAGE
CARROT
COAT
CUDDLY
CUTE
FLOPPY EARS
FURRY
GRASS
HOP
HUTCH

```
V J O K C U B M D I N L I R
N D L A S G M I N I L N E C
Y E O T T T W I T C H P A D
I L R A T S E E L G M B L F
N A D A M O W P I A B A I U
W E O D N E H D C A L G A R
S C A O U I I S G E R N T R
E T I H W C S E J A A S T Y
F E H O P O K E S U I L O G
M L A E D N E S C S M Y R I
O E O W O R R U B U N P R C
V A F P L N S R V N T X A U
H X F P P E I E U B S T C T
U O I A A Y T B Y E R D E E
T L N R T E E T H G N E N L
C M S I S E L A S A W K E H
H U E O O R G N R E O A I D
L S N T I B B A R S R R U N
S T R O K E O E C D B R F A
```

JUMP	RABBIT	TAIL
LEAP	RUN	TEETH
LETTUCE	SCAMPER	TWITCH
NOSE	SNIFF	VET
OATS	STRAW	WHISKERS
PET	STROKE	WHITE

```
H R A G U S P F T I N
S T D I N O T H M I N
O L T S U C R O S E E
P E A D E A L I N S L
D E O T L A T A O R U
H E I I S E N T Y O M
A H M S T Y C E D D P
W L E E I U R R N G E
M S I N R C E C A B S
A P O F T A I R C A O
E N W O R B R N F R C
I B E L H A N A G L U
S E U O D R T I A E L
B E L C G N M S O Y G
```

Sugar...

Can you spot all of these sugary words in the top grid?

BARLEY	GLUCOSE
BROWN	ICING
CANDY	LUMP
CRYSTALS	MOLASSES
CUBE	SUCROSE
DEMERARA	SUGAR
FRUCTOSE	WHITE

...and Spice

See if you can find all of these types of spices in the bottom grid.

ANISEED	MUSTARD
CAYENNE	NUTMEG
CHILI	PAPRIKA
CLOVE	PEPPER
GARLIC	SPICE
GINGER	TABASCO
GINSENG	WASABI

```
G G E M T U N H Y K W
V I A O O T S P I C E
I D N K L R D O T H U
L R I S I E L M O T T
I P D B E R R S E O A
H L E S A N P T B C B
C R I P H S G A U L A
E N N S P O A T P O S
A Y R E D E G W L V C
R M E I N A R E A E O
S O G D R A T S U M T
R I N L E L H U A N S
E O I D R T I A B E L
N C G M C A Y E N N E
```

Thanks a Bunch

Can you find all of the listed flower-related words in the grid?

```
K V X C O R S A G E H I T F L O W E R D
I H S I D M I I H U E N P T N E C S D Y
P T I P E G M K T I E E E W T H N U E S
O C D S R I T F E M N S T E I E T G M O
L A E N C A L B E D N R A H S U K I O P
L G T E O E Y G L V A D L N R E I S S O
E A A T U I N Y E O I T S I R O L F A C
N R D R R A T G N S S H M I S E A K H B
E L O U R T R A P N C S N E C C A B I P
S A W R N O E L N N C U O D I N T R A N
I N A E S E A L U I R O G M T A E M H H
T D U A R Y C B E S L N I S O R Y S T E
O C D A L R T T E P N L I E X G A A A B
B B L O O M S R A O R E O T E A E H U V
L A R O L F Y U L R I G N P M R A D E C
D S V K O R T I A E N F L S W F R E O P
```

ARRANGEMENT	FLORAL	POSY
BASKET	FLORIST	SCENT
BLOOM	FLOWER	SPRAY
BLOSSOM	FRAGRANCE	VASE
BUD	GARLAND	WREATH
BUNCH	NECTAR	
CORSAGE	NURSERY	
DISPLAY	PETAL	
EXOTIC	POLLEN	
FLEUR	POLLINATION	

Shopping List

Can you find all of the listed supermarket words in the grid?

AISLE
BAGGING AREA
BAR CODE
BASKET
CAR PARK
CHECKOUT
COUPON
CUSTOMER
DELICATESSEN
DISCOUNT
DISPLAY
EXPRESS LANE
GROCERIES
LOW PRICE
OWN BRAND
PACKAGING
PRICE TAG
PRODUCT
QUEUE
SCANNER
SECTION
SHOPPING LIST

T	W	O	F	O	R	O	N	E	X	A	I	S	L	E
E	C	I	R	P	W	O	L	N	N	O	P	U	O	C
P	Q	B	M	T	E	K	R	A	M	R	E	P	U	S
T	R	M	A	W	E	E	K	L	Y	S	H	O	P	N
S	U	I	H	S	N	M	D	S	C	A	N	N	E	R
P	E	O	C	P	K	I	H	S	I	M	G	K	V	E
R	B	C	K	E	S	E	T	E	H	I	O	O	T	I
O	T	V	C	T	L	T	R	S	T	U	A	A	D
D	N	S	O	I	E	A	I	P	Y	C	D	E	E	P
U	D	U	I	A	O	H	G	X	H	Y	R	L	S	A
C	N	D	L	L	C	N	C	E	B	A	I	C	E	C
T	A	N	E	O	G	U	R	E	G	C	Y	A	I	K
M	R	T	D	F	E	N	S	N	A	A	L	R	R	A
I	B	R	O	F	H	U	I	T	L	N	L	P	E	G
F	N	O	C	E	B	G	E	P	O	I	I	A	C	I
F	W	L	R	R	G	S	S	U	P	M	T	R	O	N
A	O	L	A	A	S	I	L	D	Q	O	E	K	R	G
T	T	E	B	E	D	V	A	L	U	E	H	R	G	A
S	N	Y	N	D	R	A	C	E	R	O	T	S	I	S

SIGN
SPECIAL OFFER
STAFF
STORE CARD
SUPERMARKET
TILL
TIN

TOKEN
TROLLEY
TWO-FOR-ONE
USE-BY DATE
VALUE
VOUCHER
WEEKLY SHOP

How Do You Feel Today?

Hidden in the grid are seven words related to being happy and seven words related to being grumpy. When you find them, write the happy words under the dancing girl and the grumpy ones under the grouchy man. When you've found all eight of one kind, that's how you will be feeling today.

```
U P B W J C S S S U A S P A
E S O A B O H M O A N U D S
L O A T E M D L R M I E N E
B A P S O P T R F I L E L H
A U A N S L E O C I D R T I
T A B E L A G N G M Y S O R
I T I A E I P H W L H N U E
R C D L S N T R L A O I T E
R N A R E E S O E O I L T G
I E M F D S J Y R R E M A B
E C C D N L U F R E E H C R
H S U S I O T O E P A L N R
T E I S T A O A R T Y E C D
L N R G N A N M D G E I S A
H E E G O U T E T R N N E A
B I R T L P Y I S W I O E C
D Y T R N O F A C N H I E S
L O G M N O H T U A W R E N
I S Y N E O C C D A L R T P
G R A T I F I E D N I E A B
```

101
Over the Sea

See if you can find all the ocean- and sea-related words in the grid. The words are on the next page. Once you've done that, write out the leftover letters from top to bottom in the spaces below to spell out a joke and its punchline.

```
P H T R O N O R W E G I A N O M O L O S I
B E H K A A C B O H W D M N A M A D N A H
A O R E C I D A E D I E B E A U F O R T C
N R G S F R A R C R D T S S T E B L A C K
D E A I I R A I I I I A E U Y S T R H S U
A O C K U A T M T A V N M A R M A R A C H
S A K F A L N E S U T D G H R L O E O O C
P E A H A N R G S I N I W S H L S C V T E
N R B B O R I O U A B E C G E I S C E I G
A A A E A T U H L L D N T N N G A I T A A
P S I N L T S N C D F A Y I I U G T P R L
A A E N H E E K E H S Y E L A R R C A O I
J A D E O E C L H M T E L L N I A R L S L
N E R L R I L L A O I U L E T A S A W S E
R N A G C I T N A L T A O B I N D I A N E
N A E B B I R A C V E S W S A R A B I A N
```

___ ____ ___

_____ ___ _____?

__ _____!

ADRIATIC	BERING	KARA	SARGASSO
AEGEAN	BISMARCK	LAPTEV	SAVU
ANDAMAN	BLACK	LIGURIAN	SCOTIA
ARABIAN	CARIBBEAN	MARMARA	SOLOMON
ARAFURA	CELEBES	MEDITERRANEAN	SOUTH CHINA
ARAL	CHUKCHI	NORTH	SOUTHERN
ARCTIC	DEAD	NORWEGIAN	TASMAN
ATLANTIC	GALILEE	OKHOTSK	TYRRHENIAN
BALTIC	GREENLAND	PACIFIC	WEDDELL
BANDA	INDIAN	PERSIAN GULF	WHITE
BEAUFORT	IONIAN	RED	YELLOW
BELLINGSHAUSEN	JAPAN	ROSS	

102
What Lies Beneath?

Can you find all these sea mammals in the grid?

BLUE WHALE	NARWHAL
DOLPHIN	ORCA
GRAY WHALE	PILOT WHALE
KILLER WHALE	PORPOISE
MINKE WHALE	SPERM WHALE

E	T	C	D	U	G	B	Y	S	T	N
S	L	T	P	O	R	P	O	I	S	E
E	L	A	H	W	E	K	N	I	M	C
G	P	D	H	N	S	T	U	B	I	E
R	G	I	N	W	M	S	L	O	L	A
A	T	C	L	D	R	U	R	A	I	C
Y	N	S	E	O	E	E	H	O	T	R
W	B	R	U	W	T	W	L	I	E	O
H	N	S	H	O	M	W	A	L	T	Y
A	E	A	C	R	D	R	H	G	I	M
L	L	I	E	N	E	A	S	A	O	K
E	T	P	N	A	R	W	H	A	L	R
I	S	E	N	I	H	P	L	O	D	E

103
Rainy Days

Can you find all of these wet-weather words in the grid?

BLACK CLOUD
BROLLY
CATS AND DOGS
CLOUDBURST
DELUGE
DOWNPOUR
DRENCHED
DRIP
DRIZZLE
DROPLETS
GET WET
GRAY SKY
HEAVY RAIN
LASH DOWN
MONSOON
OVERCAST
PUDDLE
RAINBOW
RAINCOAT
RAINDROPS
RAINFALL

T	Q	I	I	I	L	A	S	H	D	O	W	N	I	F	I	E
I	A	M	O	N	S	O	O	N	D	M	E	E	T	S	M	L
I	I	O	E	T	G	A	I	M	M	O	F	E	G	H	D	Z
I	E	V	C	G	N	N	T	E	A	I	W	O	S	R	E	Z
C	A	N	Y	N	M	E	I	U	H	E	D	N	E	S	K	I
L	L	A	F	N	I	A	R	E	R	D	R	N	P	H	S	R
R	L	E	T	N	E	A	A	R	N	A	C	T	B	O	Q	D
I	E	P	S	E	C	V	R	A	O	H	T	T	S	F	U	A
N	R	H	I	G	Y	E	S	S	E	T	R	E	G	T	E	R
O	B	M	T	R	R	T	H	D	P	A	R	T	D	S	L	U
V	M	G	A	A	A	A	G	N	I	K	A	O	S	R	C	A
E	U	I	E	C	E	Y	Y	N	R	E	I	N	I	U	H	E
R	N	S	Y	T	L	W	B	S	D	E	N	C	A	B	L	H
C	L	T	P	L	W	O	T	N	K	I	D	E	A	D	D	S
A	B	S	O	O	W	E	E	T	Y	R	H	D	U	E	A
S	U	R	L	I	L	G	T	N	W	M	O	U	A	O	L	L
T	B	E	C	P	S	K	V	O	R	T	P	I	A	L	U	P
E	D	U	O	L	C	K	C	A	L	B	S	N	F	C	G	S
L	S	R	R	E	O	P	A	T	I	D	S	O	D	D	E	N
H	D	W	A	T	E	R	P	R	O	O	F	N	Y	U	E	C

SATURATED
SOAKING
SODDEN
SOGGY
SPLASH
SQUELCH

STREAM
TEEM
TORRENT
UMBRELLA
WATERPROOF
WET WEATHER

104
I Scream!

See if you can find all of these noisy words in the top grid.

ALARM
CLAMOR
COMMOTION

DRUMS
EXPLOSION
HAMMER
OUTCRY

```
S X I D N I N N E M
H U I E O N O P R S
O E P V I I D A C D
U I L R T N L R R S
T A E A O A E U T A
S H V I M A M E N H
S O S R M S R A T A
N O I S O L P X E M
O Y E C C M L D I M
R A T T L E A L N E
E Y R C T U O L E R
T H U N D E R E C Y
```

OVATION   SCREAM   THUNDER
RATTLE   SHOUT   UPROAR
SALVO   SNORE   YELL

105
Quiet, Please

Now see if you can find all of these quiet words in the lower grid.

```
N E C N E L I S W Q
N E M I M C H E S S
W H I S P E R M O Q
Y N O D D Y N U A U
O D A L O T E E R I
Y E U G I O A S G E
R R A T T B M U C T
S N E P S U R M H O
M L I L M T D A U R
L T E B L A I N R O
A T L E A A B R C Y
C E I N P S G O H A
```

CALM   QUIET
CHESS   READ
CHURCH   SILENCE
GALLERY   SLEEP
LIBRARY   STUDY
MIME   TIPTOE
MUMBLE   WHISPER
MUSEUM   YOGA

106
Bond, James Bond

Find all the James Bond-related words in the grid, then write the leftover letters in the spaces below to spell out the name of one of the Bond films.

ADVENTURE
ASSIGNMENT
ASTON MARTIN
CASINO
DECEPTION
DOMINO
DRY MARTINI
ELEKTRA KING
ESPIONAGE
FAST CAR
FELIX LEITER
GOLDFINGER
JAWS
KIDNAP
LOTUS ESPRIT
M AND Q

```
O N I M O D E C E P T I O N U
A S T O N M A R T I N Y R O N
D Y R E H C A E R T O R A P D
V T U O J O M N E O A E C A E
E N I A S I D R D G L T T E R
N R W F S A I E N Q D I S W C
T S E S F A K A X R Y E A E O
U N I G T A M L Y U C L F L V
R L E I N A N M E R T X G E E
E N L M R I A Y E B B I N K R
K O C A N R F T C O B L I T E
S I C A T G A D J A L E L R L
H S D I S G I D L I S F G A L
A S N N E I D S V O E E G K I
R I T N A O N W S I G C U I R
K M T E S P I O N A G E M N H
T I R P S E S U T O L E S G T
```

MISSILE
MISSION
ODDJOB
ROSA KLEBB
SCARAMANGA

SECRET AGENT
SHARK
SMUGGLING
SOLITAIRE
THRILLER

TIFFANY CASE
TREACHERY
TUXEDO
UNDERCOVER
WEAPON

The Bond movie is:

___ ___ ____ ____ _____

Up, Up, and Away

Can you find all of the listed flying objects in the grid? When you have found them all, write out the leftover letters from top to bottom in the spaces below the grid to spell out a joke and its punchline.

AIRCRAFT
AIRPLANE
AIRSHIP
BIRD
BLIMP
BUTTERFLY
DIRIGIBLE
DRONE
HANG GLIDER
HELICOPTER
INSECT
JUMBO
MAGIC CARPET
MICROLIGHT
MOSQUITO

W	H	A	Z	T	T	D	O	A	Y	R	Y
R	O	C	K	E	T	C	I	O	E	H	L
H	T	U	P	B	P	R	E	D	G	T	F
E	I	H	I	I	P	P	I	S	V	O	R
L	A	R	G	L	H	L	E	E	N	M	E
I	D	I	A	I	G	S	E	L	A	I	T
C	A	N	R	G	L	L	R	G	I	E	T
O	E	S	N	C	T	O	I	I	N	U
P	C	A	K	T	R	C	R	B	A	O	B
T	H	I	U	O	C	A	R	C	D	R	B
E	T	H	B	A	W	E	F	E	I	D	L
R	S	M	R	W	A	S	P	T	T	M	I
M	U	P	E	O	T	I	U	Q	S	O	M
J	E	D	I	R	I	G	I	B	L	E	P
T	N	P	I	H	S	E	C	A	P	S	T

MOTH   SPACESHIP
ROCKET   WASP
SHUTTLE   ZEPPELIN

____ __ ___

____ _ ___ __ ____?

_____!

Nanny...

Find all of the listed female
relatives in the top grid.

AUNT   SISTER
DAUGHTER   WIFE
GRANDMA
GRANNY
MOM
MOTHER
NANA
NANNY
NIECE

```
T C F W S O I S O E C
D N M S M O T H E R I
S O U O I T E H U N R
M I E A S S O T A E C
W D R I E S T N E O T
A I R H C A N E U I E
S G F O E Y N A R A T
Y R E E I C M A D R G
I A E A N D S O N T R
F N I E N H U A S E O
C N D A R T I A E G N
M Y R R E T H G U A D
S G O R T I A E W H N
Y U E C D S R A O I T
```

...Goat

Can you find all of these goat-
related words in the bottom grid?

ALPINE   GRAZE   MILK
ANGORA   HAIR   MOUNTAIN
BAGOT   HERD   MURCIAN
BILLY   HORNS   NANNY
BREED   KID   PYGMY
CASHMERE   RUMINANT
DAIRY
GOAT
GORAL

```
Z N A I C R U M S R K
G S C S T E E S U T L
O Y D A I R Y M P E I
R C N R A S I E O E M
A L I N T N H E R D G
L A U T A O G E E R S
H A O N T N M O A E N
C L T D D H L Z R E I
P P S O S E E T K A A
I I E A S B E L I H T
U N C N S E A R D O N
C E R D R T I G B A U
B O E B I L L Y O L O
H N S K Y M G Y P T M
```

In Therapy

Find all of these alternative therapies in the grid.

ACUPUNCTURE
ALTERNATIVE
AROMATHERAPY
BIOFEEDBACK
CHIROPRACTIC
CRYSTAL HEALING
CUPPING
DOWSING
HOLISTIC
HOMEOPATHY
HYPNOTHERAPY
IRIDOLOGY
MASSAGE
MEDITATION
NATUROPATHY

M	Y	A	G	O	Y	Y	S	I	Y	C	I	C
K	A	H	G	W	V	H	X	H	A	R	R	I
C	B	S	T	N	I	T	T	C	C	Y	I	T
A	I	D	S	A	I	A	N	I	U	S	D	C
B	F	T	T	A	P	P	D	A	P	T	O	A
D	H	S	S	O	G	O	P	T	U	A	L	R
E	U	Y	E	I	W	E	R	U	N	L	O	P
E	N	T	P	S	L	M	D	U	C	H	G	O
F	S	B	I	N	E	O	L	N	T	E	Y	R
O	M	N	S	K	O	H	H	E	U	A	W	I
I	G	P	I	L	A	T	E	S	R	L	N	H
B	N	R	E	I	K	I	H	E	E	I	D	C
N	O	I	T	A	T	I	D	E	M	N	L	S
A	E	T	P	I	H	E	S	O	R	G	R	E
N	A	R	O	M	A	T	H	E	R	A	P	Y
R	E	F	L	E	X	O	L	O	G	Y	P	R
E	V	I	T	A	N	R	E	T	L	A	S	Y

OSTEOPATHY   ROSEHIP TEA
PILATES   SHIATSU
REFLEXOLOGY   TAI CHI
REIKI   YOGA

111
Virtues...

Find all of these virtuous words in the grid on this page.

```
H K Y R L A V I H C B N S Y N O S A E R S
E C O M P A S S I O N T O G R A C E K S S
L L N G W C O B O L R O A I L E D R E M S
P A O K N P A T I E N C E O T U V N R G E
F A I Y B I L P N P W O D D T P L A E R N
U F T A A L D G A E E I V I O U E N R E D
L A A M W L T N G B S N T I F H E C C B N
N M R A I H T A A C I R T T V R R N R O I
E I E D S A R Y R T O L H H O A A Y L E K
S A D D D U R E G F S G I S U G C T P E P
S B I E O A T B O R U R I T E S A I R E H
H I S C M I L U M O E T E L Y C I N T A T
E L N E O D K O H R Y N E D T A E A F Y M
L I O N Y S E T R U O C E R N E O M S P R
A T C C G E N T L E N E S S W U T U I M A
H Y U Y E S S E N I L D N E I R F H D L W
```

AMIABILITY	ENERGY	PATIENCE
BRAVERY	ENTHUSIASM	PERCEPTION
CAPABILITY	FORTITUDE	REASON
CHIVALRY	FRIENDLINESS	STRENGTH
COMPASSION	GENEROSITY	TACT
CONSIDERATION	GENTLENESS	THOUGHTFULNESS
COURAGE	GRACE	UNDERSTANDING
COURTESY	HELPFULNESS	VIVACITY
DECENCY	HUMANITY	WARMTH
DISCRETION	KINDNESS	WISDOM
ELEGANCE	LOYALTY	

112
...and Vices

Now find all of these vice-related words in the grid on this page.

```
H T O L S J Y Z G E C I D R A W O C P H T
G P T R I H O S R R T A S B G O R T Y A P
H W L R D A O T U A E S S S R S O V L T G
O B S T I N A C Y O E E S M N R N Y F A B
G R S H O U O T P N L E D O A E L T R O A
L U E T C L R G N F N A B M A C K I H O S
U U N T Y R S A I S P B E A B K L L P W S
T O E K T R E S U E E U F J S L A A L O E
T G D M I M H O E R C H S S T E U R A R N
O N U O D N I A Y N A I E H D S L O R T I
N P R N E C D I V E D N L E I S A M B O Z
Y R E S I E T N H A I E C A L N U M I G A
N M S V A E D C E T R E K D M E E I K N L
S S E N E L D I S S I I O C R S T S G I A
I N F A M Y E A R T S N C F I S L E S R E
O D E F I A N C E P P A W E T W R L I V E
```

ANGER	IDLENESS	PUSHINESS
AVARICE	IMMORALITY	RECKLESSNESS
COWARDICE	INFAMY	RUDENESS
DECEIT	JEALOUSY	SELFISHNESS
DEFIANCE	LAZINESS	SLOTH
ENVY	MALICE	SNOBBERY
EVIL	MEANNESS	UNKINDNESS
GLUTTONY	NASTINESS	VICIOUSNESS
GREED	OBSTINACY	WICKEDNESS
IDIOCY	PRIDE	

113
Things You Can Break

All of the words listed below are
things that can be broken.

BONE
CHAIN
CIRCUIT
CODE
CONTRACT
HABIT
HEART
JAIL
LEG
MOLD
NEWS

NOTE
RECORD
RIB
SILENCE
SPIRIT
SWEAT
TOOTH
TREATY
VOICE
WINDOW

```
U E G R E D O C T M
P Y T A E W S I O V
E V J O S C U U O L
N A L G N C O I T I
O H E A R T C R H A
B M E I Y E S P D J
W T C A R T N O C S
I M N H A H A S W E
N O E B A L L E A R
D L L B I I N E R U
O D I E N R N S G T
W T S A S P I R I T
```

114
Things You Can Catch

```
Y W T V E R I F S F
R R H M Y D L U A O
R U E N E U B P B T
N P L R S A L N A H
I W I E E A S D L G
A I G R N F H L L I
R T H E O U U S E S
T H T D E N S P I S
A G L I M P S E O F
E O A M O V I E H N
H O B R S C O L D T
N A C H C T A C S A
```

This is a list of things that you can catch.
Can you find them all?

A BALL
A BUS
A GLIMPSE OF
A MOVIE
A PLANE
AS CATCH CAN
A TRAIN
COLD
FIRE
FISH

FLU
HOLD OF
MEASLES
SIGHT OF
SOMEONE'S EYE
THE LIGHT
THE SUN
UP ON
UP WITH

115
Weight Watchers

Can you find all the dieting words in the grid? Once you've solved the puzzle, write out the leftover letters from top to bottom in the spaces below the grid to spell out the joke and its punchline.

APPETITE
BULGE
CABBAGE SOUP
CALORIES
CARBOHYDRATE
CELLULITE
CHEAT
CONTROL
CRAVINGS
CRISPBREAD
CUT DOWN
DETERMINATION
DIET CLUB
DISCIPLINE
EFFORT
EXERCISE
FAD DIET
FAT CONTENT

```
W S G N I V A R C H E D F I T N E S S N K
M E T A B O L I S M M I E R A E T H U T E
S C T Y T I S E B O H S G O R U A T A R E
Y S A I N W O D T U C C L L G P R F D O P
R M S B T A T I H G R I U T E I D D A F F
E E M O B E V E N H U P B U T E Y C C F I
C N W U L A P I L T D L P I C R H S E E T
B O R O T T G P N I G I O U E E O E L V H
U H N I P G H E A T F N D D A G B I L I G
L U O T O L T G S P A E I T O I R R U T I
C N U J R N L M I O R K S M N M A O L A E
T G D M O O I I A E U N E T M E C L I M W
E E G C T R L O W O W P N A Y I D A T I L
I R T O T C R I S P B R E A D L L C E N A
D A N N O I T A N I M R E T E D E S I S O
F E X E R C I S E E N I L T S I A W E T G
```

FITNESS	METABOLISM	SLIMMING	WEIGHT LOSS
GOAL WEIGHT	MOTIVATION	TARGET	WILLPOWER
HUNGER	NUTRITION	TONE	
INTAKE	OBESITY	TRIM	
JOGGING	REDUCED FAT	TUMMY	
KEEP FIT	REGIME	VITAMINS	
LIFESTYLE	SHAPE UP	WAISTLINE	

_ _ _ _ _ _ _   _ _ _ _ _ _ _   _   _ _ _ _ _ _ _

_ _ _ _ _ _ _ _ _ - _ _ _ _ _ _   _ _ _   _ _ ?

_ _ _ _ _ _ _ _ _ !

116
Burglar Alarm

Look for all the security-related words in the grid.

```
C W P S T R O N G B O X Y T I T N E D I
V O A R E Z Z U B R Y I X R H L E H Y A
L A D F E N C E E T M W N G A T H Y R L
A M L E A S I I I L O P U S A D G M T A
E O O H S I R R E F O A A G U V N A N L
K C C E I R U S F A R N L S Y R E U E D
E R K L A C S L G D G I T A S M A I O S
E E A B E E I K D R N C E L R W H N N B
P T E S N M R O E N O B E L U M O A C I
S N L S I P G D S I R U S W O A E R D E
H I O T T R U F A A T T A N I H V E D S
U R S L G R M H F H S T T A R E P N I S
T L O B T Y E C E C D O A L R T P E N I
E A S N K E E P O U T N O R C L O S E D
E T I H L I N O I T A N I B M O C G N P
```

ALARM
BARRIER
BOLT
BOUNDARY
BUZZER
CHAIN
CLOSED
CODE
COMBINATION
FENCE

GATE
GUARD DOG
IDENTITY
INSURANCE
INTERCOM
INTRUDER
KEEP OUT
KEEP SHUT
NO ENTRY
OFF-LIMITS

PADLOCK
PANIC BUTTON
PASSWORD
PEEPHOLE
SAFE
SECURITY
SENSOR
STRONGBOX
STRONGROOM
VAULT

Fire Alarm

See if you can find all of these fire-brigade words in the grid.

ALARM BELL
APPLIANCE
BLAZE
BOOTS
BRIGADE
BURN
CALL OUT
DANGER
DRAMA
DRILL
EMERGENCY
ENGINE
EQUIPMENT
ESCAPE
EXTINGUISHER
FIREFIGHTER
FIRST AID
FLAMES
HATCHET
HEAT
HELMET
HOSE
HYDRANT
LADDER
MASK
NOZZLE
POLE
PUMP
RESCUE

RESPOND
SAVE
SEARCH
SERVICE
SIREN
SMOKE
STATION
TRUCK
UNIFORM
WATER
WINCH

```
B N O Z Z L E H O S E N I G N E K
L X Q P Y H P M U P W A T E R S C
A O O Y C N E G R E M E C T L A U
Z L W R S T A T I O N N Y N A V R
E O A M A R D I O F A I C A D E T
L E E X T I N G U I S H E R D D U
S L H C N I W S L R I O E D E I N
T E E V A N I P S E E Q O Y R A I
S E R B T L P Y E F U G C H H T F
T S D V M A L P S I R E N A M S O
O E S A I R A O P G D E T A L R R
O M M G G C A M U H N C S L D I M
B A O L S I E L E T H K I C I F S
K L K E E N R A A E O R U B U R N
T F E N T H T B T R D N O P S E R
```

Bowled Over

See how quickly you can find all of these bowling-related words.

```
M F D E L I V E R Y S E O H S L S
H A M T A H Y R A S S P A R E U E
H T E K C U B T E A S I T K G O T
T C G A F M F A G T I I S O U F U
L D A R R S H N N U T M O T K P P
U T A O P R I I S E R R I H T N E
S M E L R W O I D I L T N N E O M
E Y I N S P D W K E E B I V R C A
R T E K P E P E A E A P U I A K G
T Y C L L I E A G E G D D O R D N
G A L I L N N M R N R S W I D O A
B A N A H A E S I A O O U O T W E
B E R O C S R K P L N E L N O N L
A S P I N T O H S Y K C U L O D C
B I L S C R E E N O C U R V E B E
```

ALLEY	ARROW	BALL	GUTTER	ROLL
APPROACH	BACKSWING	BONUS	HOOK	SCORE
		BUCKET	INSIDE LINE	SCREEN
		CLEAN GAME	KINGPIN	SET-UP
		CURVE	KNOCK DOWN	SHOES
		DEADWOOD	LANE	SPARE
		DELIVERY	LUCKY SHOT	SPIN
		DOUBLE	MISS	SPLIT
		FOUL	POINTS	STRIKE
		FRAME	RESULT	TENPINS
		GRIP	RETURN	

119
Pack Your Trunk

Have a go at finding all of these elephant-related words in the grid.

```
Z X B S K S U T D C A L F U N L P
F M E M O R Y E H L N A C I R F A
M A M M A L L U I A S T K D B L S
O P W U V K E V C I N S R D L L O
B E E S N E O E X E K N S U O O P
S L L I T R G T R C F Z A W N E A
R S R E Y C O E I O D O M V N K C
A W S U P N I H T O V O T A A E H
E A H A S H T P L A V I I N E S Y
E S A M R Y A R G I T D B H V D D
G I B Y A G E N N I N I U R R R E
R A I V S O O G T I T G O E E E R
A N T A C D R L N I E S E N S H M
L O A E D E T C E T O R P U E T R
N E T H B G I G A N T I C I R L P
```

AFRICAN	HERD	ROAM
ASIAN	HUGE	SAVANNAH
CALF	INDIAN	SIX TONS
ELEPHANT	IVORY	SLOW MOVING
GIGANTIC	LARGE EARS	THICK SKIN
GRASS	MAMMAL	TRUNK
GRAY	MEMORY	TUSKS
HABITAT	PACHYDERM	VEGETATION
HEAVY	PROTECTED	WRINKLED
HERBIVORE	RESERVE	ZOO

120
How Do You Feel?

Can you find all of these feelings in the grid?

AFFECTION
ALARM
ANGER
ANIMOSITY
ANXIETY
AWE
BLISS
BOREDOM
CALMNESS
CONFIDENCE
CONFUSION
COURAGE
DELIGHT
DESPAIR
DISMAY
DISTRESS
DREAD
ELATION
ENVY

```
D R J S E G A R U O C S X E Y B
I B A S H T R I M L S S P S G M
S P L E A S U R E E U O U M H R
T H L N F L E T N R H O S O A A
R Y A M S I D D P G L E D D P L
E B C L H U N R I A V R N E P A
S T L A O O I T E R E C O R I L
S G H C F S O J E A P U I O N T
B A N G E R R N D L W O S B E D
C C O N F I D E N C E T U J S E
R E A S O N L O P T G V F M S L
H B T U A I E I I E O L N E C I
A L S L A L T R Y R N T O N N G
I I E A A N E C A R I T C V B H
Y S O T D D X W E W E A A Y E T
T S I R N N O I E F A S P N T H
I O R E G R E T E A F R I S C L
N U S Y R U F S W T I A M M E E
A S G O N M A E S E Y C D T O D
V R S T Y T I S O M I N A I H A
```

FEAR
FONDNESS
FURY
HAPPINESS
HOPE
JEALOUSY
LOVE

MIRTH
MISERY
NERVES
PLEASURE
PRIDE
REASON
REGRET

REPENTANCE
SADNESS
SORROW
SURPRISE
TIREDNESS
VANITY
WARMTH

Our Furry Friends

Can you find the listed cat-related words in the grid? When you've found them all, write the leftover letters from top to bottom in the spaces below to spell out a joke and its punchline.

AGILE
CARRIER
CAT BASKET
CAT FOOD
CATTERY
CLAWS
COLLAR
CUDDLY
CURIOSITY
CUSHION
FELINE
FLUFFY
FOOD BOWL
FURRY
GINGER
GROOM
INDEPENDENCE
KITTEN
LITTER TRAY
LONG-HAIRED
MOGGIE
NINE LIVES

PEDIGREE
PREDATOR
PUSSYCAT
SCRATCH
SHARP TEETH

SHORT-HAIRED
STROKE
TERRITORY
TOMCAT
WHISKERS

```
K I T T E N H T E E T P R A H S W H
S E P A E A T C R A L L O C D E D C
H N O U G C A C A T B A S K E T U C
O I O I S R N A U T S S R R R R R E
R L L I R S A E D D E I G M I D O N
T E Y I H S Y H D V D I T O A O T W
H F E R T S C C I N D L S G H O A H
A R G R E T U L A E E I Y G G F D I
I H O R A T E C P T T P E I N T E S
R K M R O N T R L Y O R E E O A R K
E N C M I O I A T A R N G D L C P E
D S C N M E M W C R W R G I N G E R
S A L W O B D O O F A S U P A I P S
T E R R I T O R Y E R Y F F U L F S
```

_____ __ ____ _____

__ ___ _____?

_____!

122
Cheesy Does It

All these cheese-related words can be found in the word-search grid.

BLUE CHEESE
BRIE
CAMEMBERT
CHESHIRE
CHEVRE
COTTAGE CHEESE
CREAM CHEESE
CURD
DANISH BLUE
EDAM
EMMENTAL
FETA
FONDUE
FROMAGE FRAIS
GOATS
GORGONZOLA
GOUDA
GRATED

```
E  T  R  O  F  E  U  Q  O  R  K  R  A  U  Q
U  C  A  M  E  M  B  E  R  T  Y  B  R  I  E
L  W  P  O  N  T  L  E  V  E  Q  U  E  Y  P
B  C  S  T  A  O  G  P  A  R  M  E  S  A  N
H  I  O  S  I  A  R  F  E  G  A  M  O  R  F
S  D  E  T  A  R  G  M  D  I  A  N  M  E  G
I  K  E  E  T  I  G  O  U  D  A  O  S  G  O
N  I  S  R  N  A  N  N  E  C  Z  E  E  R  R
A  E  E  S  E  O  G  T  H  Z  E  D  R  E  G
D  M  E  W  E  T  P  E  A  H  P  R  V  B  O
F  M  H  I  W  R  S  R  C  G  N  U  E  S  N
O  E  C  S  Y  H  E  E  A  H  U  C  H  L  Z
N  N  M  S  I  L  U  Y  H  C  E  R  C  R  O
D  T  A  R  L  L  F  J  U  C  S  E  D  A  L
U  A  E  A  B  I  E  A  N  R  L  A  S  J  A
E  L  R  I  L  D  T  C  N  I  G  I  M  E  P
R  I  C  O  T  T  A  K  N  O  T  L  I  T  S
```

GRUYERE   PONT L'ÉVÊQUE
ILCHESTER   QUARK
JARLSBERG   RICOTTA
MASCARPONE   ROQUEFORT
MONTEREY JACK   SAINT AGUR
MOZZARELLA   STILTON
PARMESAN   SWISS

123
A Slice of Bread

How quickly can you find all the bread-related words in the grid?

BAGEL
BAGUETTE
BATON
BLOOMER
BREADSTICKS
BRIOCHE
BRUSCHETTA
BUN
CORNBREAD
CROISSANT
CRUSTY
FLATBREAD
GRANARY
MALTED
MULTIGRAIN

L	S	T	S	A	O	T	D	A	E	R	B	E	Y	R
E	O	P	E	T	I	T	P	A	I	N	F	V	F	K
G	U	Y	S	N	S	W	H	O	L	E	M	E	A	L
A	R	D	A	E	R	B	T	A	L	F	L	F	C	N
B	D	L	A	E	M	T	A	E	H	W	S	I	O	D
R	O	V	P	U	M	P	E	R	N	I	C	K	E	L
U	U	E	T	T	E	U	G	A	B	B	B	T	D	M
S	G	N	P	A	N	I	N	I	R	A	L	N	A	R
C	H	T	L	S	L	I	N	E	T	A	U	B	E	E
H	Y	C	N	E	O	I	A	O	M	O	U	R	R	G
E	T	B	I	A	A	D	N	R	R	N	Y	E	B	T
T	S	R	E	W	S	V	A	G	G	R	P	M	N	A
T	U	I	S	T	D	S	E	B	A	I	I	O	R	E
A	R	O	I	O	I	N	I	N	R	Y	T	O	O	H
C	C	L	N	O	H	A	O	E	E	A	L	C	W	
I	K	H	S	T	K	R	W	S	R	D	A	B	U	H
S	O	E	S	N	G	E	S	L	I	C	E	D	I	M

PANINI
PETIT PAIN
PITA
PUMPERNICKEL
RYE BREAD
SANDWICH
SLICED
SODA BREAD

SOURDOUGH
STONEGROUND
TOAST
UNLEAVENED
WHEATGERM
WHEATMEAL
WHITE
WHOLEMEAL

124
Creepy Crawlies

This word search is based on insects. Can you find all the hidden words?

APHID
BEDBUG
BUTTERFLY
CENTIPEDE
CICADA
COCKROACH
DRAGONFLY
FIREFLY
FLEA
GNAT
GREENFLY
HONEYBEE
HORNET
LADYBIRD
LEECH
LOCUST
MAGGOT
MANTIS

T	Q	S	S	U	S	H	O	N	E	Y	B	E	E	S
N	T	L	I	A	N	S	N	O	I	P	R	O	C	S
A	E	K	I	E	W	N	M	U	E	S	S	O	I	H
D	R	Y	E	Y	G	N	W	A	P	G	C	R	C	S
E	M	E	L	U	L	O	I	I	G	K	N	E	Y	F
R	I	E	B	F	R	F	D	L	R	G	E	A	I	B
A	T	D	D	M	Y	E	N	O	E	L	O	R	T	U
N	E	E	R	I	R	A	A	E	A	H	E	T	E	T
B	M	P	M	S	H	C	M	Y	E	F	U	I	N	T
O	A	I	E	O	H	P	L	P	L	R	A	L	R	E
N	N	T	R	E	S	F	A	Y	F	I	G	P	O	R
C	T	N	S	O	N	Q	A	T	E	C	S	D	H	F
L	I	E	R	O	A	L	U	T	N	A	R	A	T	L
G	S	C	G	N	I	S	A	I	W	M	O	T	H	Y
K	H	A	A	L	O	C	U	S	T	E	O	U	T	R
N	R	E	A	D	B	I	L	P	S	O	K	C	I	T
D	W	O	E	C	A	D	L	A	D	Y	B	I	R	D

MAYFLY
MOSQUITO
MOTH
RED ANT
SCORPION
SNAIL

SPIDER
TARANTULA
TERMITE
TICK
WASP
WORM

125
Gone Shopping

Can you find all of these shopping items in the grid?

BABY FOOD
BAKED BEANS
BLEACH
BUTTER
CAKE
CEREAL
CHEESE
CHICKEN
CLING FILM
CORNFLAKES
EGGS
FROZEN FOOD
HONEY
ICE CREAM
KETCHUP
MARGARINE
NAPPIES
NOODLES
ORANGE JUICE

```
S E I P P A N I W S J E S Y E
L E W R A E C R L Y N N K B G
S L U Z E E A I I E R I C L G
R A Z S C T C N K C I R A E S
L I N R S E T C U T E A N A T
P L E D D I I U S T N G S C O
F A A M W H T A B S S R R H O
M R E E C I U J E G N A R O T
E A O U M C C K I I A M S S H
T S O Z E Y A H T T E L U O P
L H E N E L D T O H B S G F A
A A R E F N E A O I D E A T S
E M T N H H F N E Y E L R D T
R P R D G C E O L R K D R R E
E O B A B Y F O O D A O N I K
C O P U H C T E K D B O M N A
I S C L I N G F I L M N O K C
```

PEANUTS
PIZZA
READY MEAL
RICE
SANDWICH
SAUCE
SHAMPOO

SLICED MEAT
SNACKS
SOFT DRINK
SPAGHETTI
SUGAR
TISSUES
TOOTHPASTE

Solutions

1

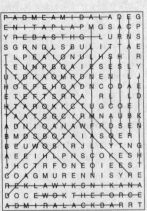

THE MISSING CHARACTER IS DARTH VADER!

4

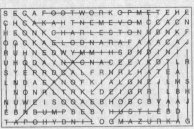

WHERE DO YOU GO TO DANCE IN CALIFORNIA? SAN FRAN-DISCO!

7

THE WORD THAT DOES NOT APPEAR IN THE GRID IS STOPWATCH!

2

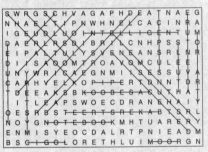

5

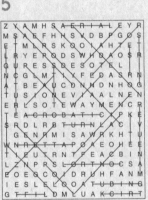

8

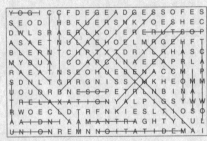

3

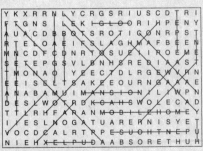

6

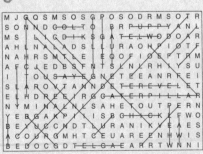

9

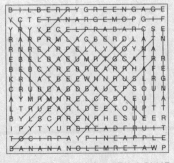

WHAT DO YOU DO WITH A BLUE BANANA? TRY TO CHEER IT UP!

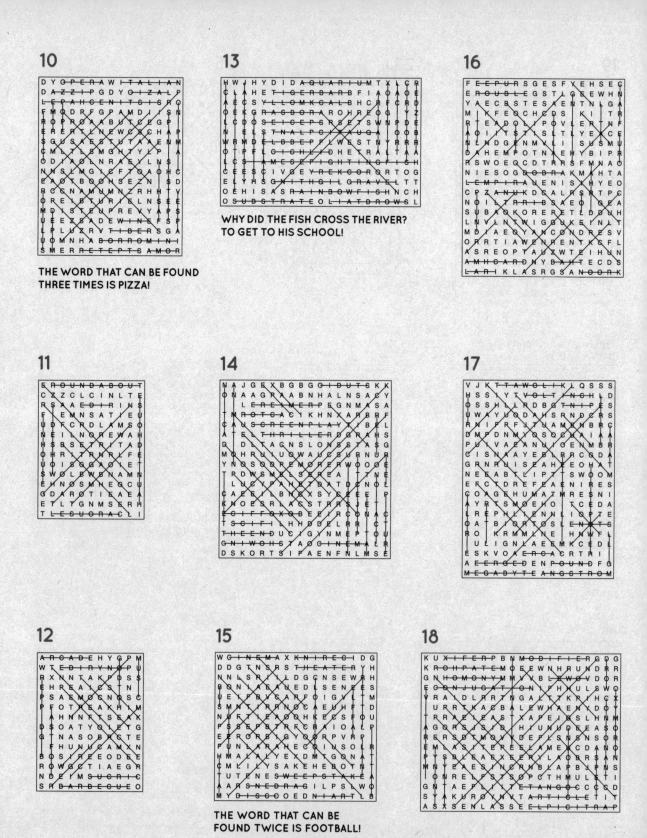

10

THE WORD THAT CAN BE FOUND THREE TIMES IS PIZZA!

13

WHY DID THE FISH CROSS THE RIVER? TO GET TO HIS SCHOOL!

16

11

14

17

12

15

THE WORD THAT CAN BE FOUND TWICE IS FOOTBALL!

18

26 WHO BURPED AT THE BIG BAD WOLF?
LITTLE RUDE RIDING HOOD!

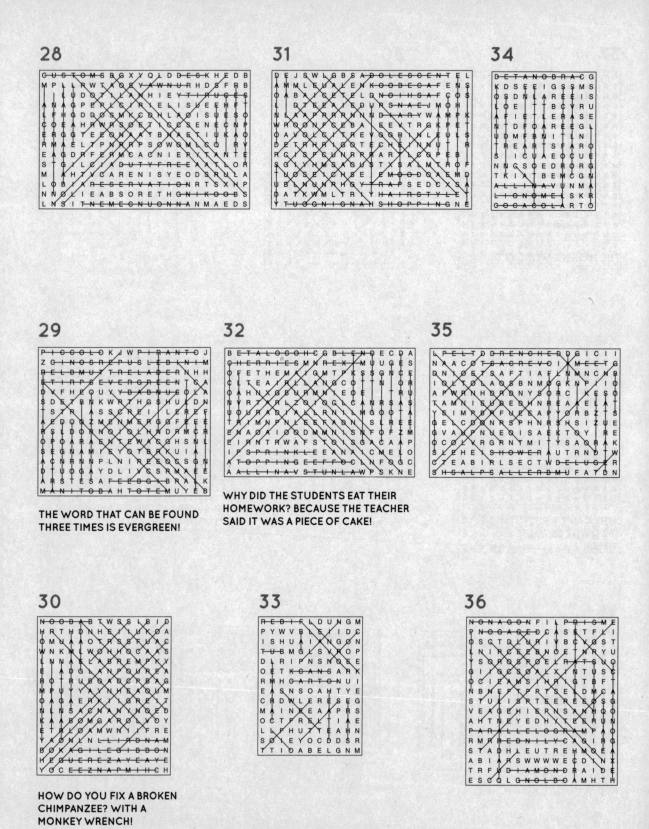

28

29

30

THE WORD THAT CAN BE FOUND
THREE TIMES IS EVERGREEN!

HOW DO YOU FIX A BROKEN
CHIMPANZEE? WITH A
MONKEY WRENCH!

31

32

WHY DID THE STUDENTS EAT THEIR
HOMEWORK? BECAUSE THE TEACHER
SAID IT WAS A PIECE OF CAKE!

33

34

35

36

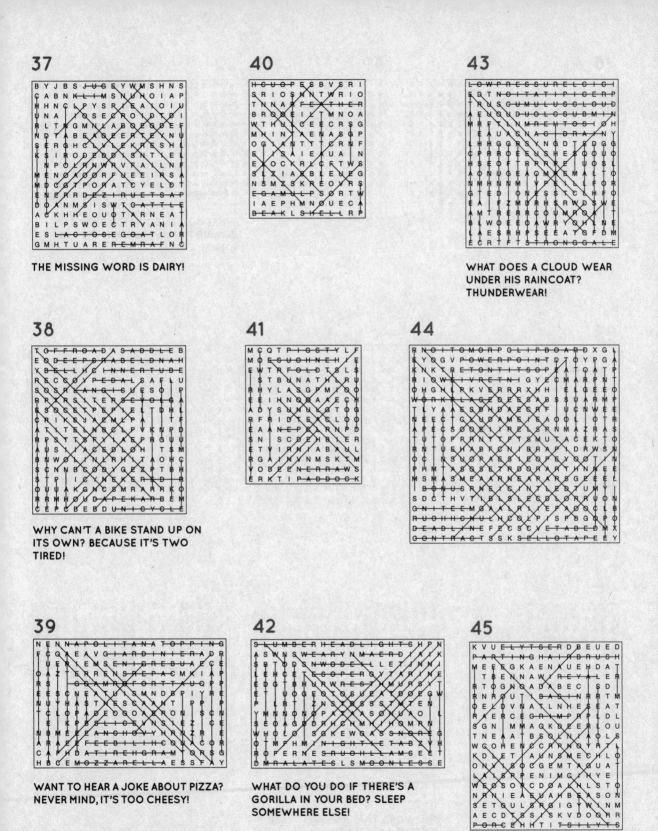

37

THE MISSING WORD IS DAIRY!

38

WHY CAN'T A BIKE STAND UP ON ITS OWN? BECAUSE IT'S TWO TIRED!

39

WANT TO HEAR A JOKE ABOUT PIZZA? NEVER MIND, IT'S TOO CHEESY!

40

41

42

WHAT DO YOU DO IF THERE'S A GORILLA IN YOUR BED? SLEEP SOMEWHERE ELSE!

43

WHAT DOES A CLOUD WEAR UNDER HIS RAINCOAT? THUNDERWEAR!

44

45

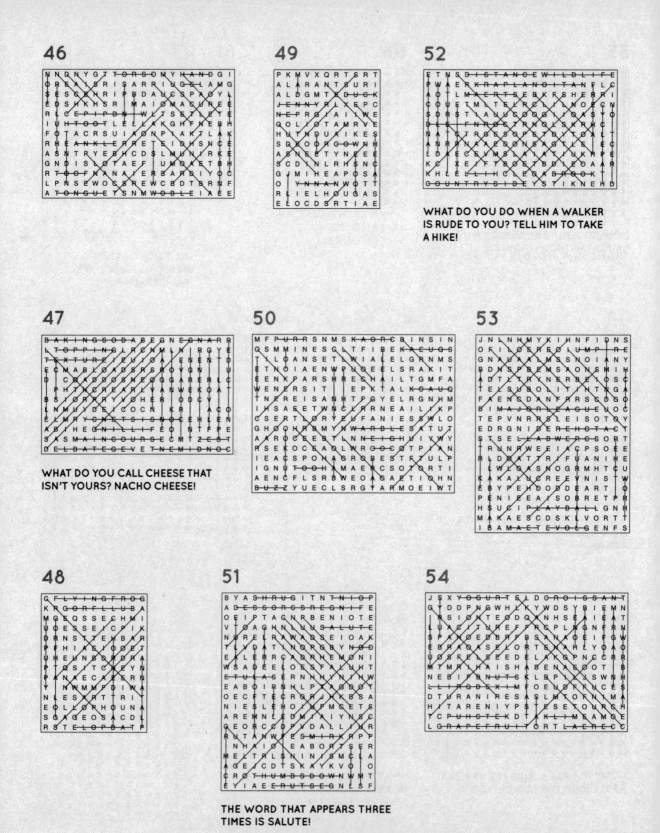

46

49

52

WHAT DO YOU DO WHEN A WALKER IS RUDE TO YOU? TELL HIM TO TAKE A HIKE!

47

WHAT DO YOU CALL CHEESE THAT ISN'T YOURS? NACHO CHEESE!

50

53

48

51

THE WORD THAT APPEARS THREE TIMES IS SALUTE!

54

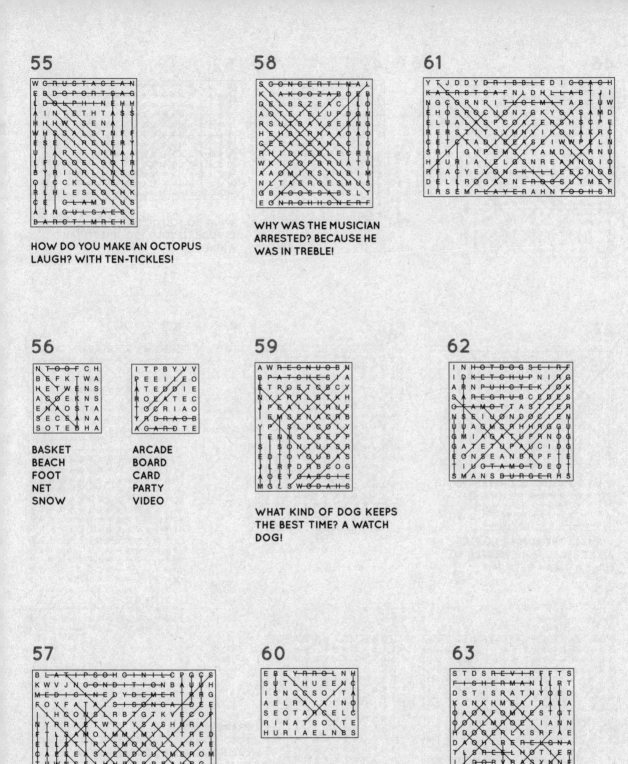

55

HOW DO YOU MAKE AN OCTOPUS LAUGH? WITH TEN-TICKLES!

58

WHY WAS THE MUSICIAN ARRESTED? BECAUSE HE WAS IN TREBLE!

61

56

BASKET
BEACH
FOOT
NET
SNOW

ARCADE
BOARD
CARD
PARTY
VIDEO

59

WHAT KIND OF DOG KEEPS THE BEST TIME? A WATCH DOG!

62

57

60

63

64

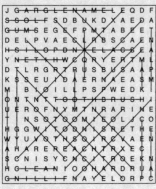

67

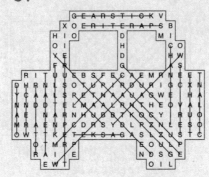

70

THE SNAKE THAT IS HIDDEN
TEN TIMES IS COBRA!

71

65

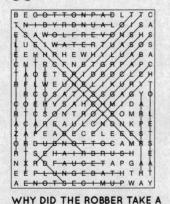

WHY DID THE ROBBER TAKE A
BATH? BECAUSE HE WANTED TO
MAKE A CLEAN GETAWAY!

68

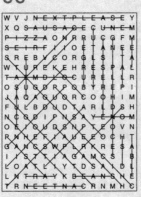

72

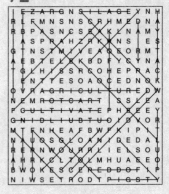

66

69

BRAVE WORDS:
BOLD, CONFIDENT, COURAGEOUS,
DARING, FEARLESS, GUTSY, HEROIC,
PLUCKY

SCARED WORDS:
AFRAID, FEARFUL, FRIGHTENED,
NERVOUS, SHAKY, TERRIFIED, TIMID,
WORRIED

73

76

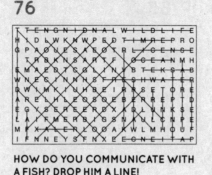

HOW DO YOU COMMUNICATE WITH A FISH? DROP HIM A LINE!

79

74

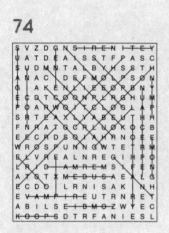

77

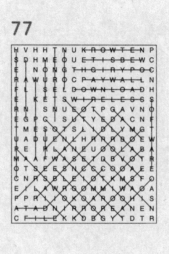

80

AMUSED   CORAL
CHEERED   FLAMINGO
GLAD   MAGENTA
HAPPY   ROSE
PLEASED   SALMON

75

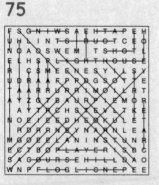

WHY DO GOLFERS WEAR TWO PAIRS OF PANTS? IN CASE THEY GET A HOLE IN ONE!

78

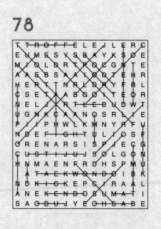

81

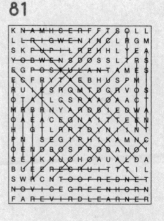

82

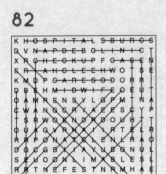

THE WORD THAT DOES NOT APPEAR IN THE GRID IS INJECTION!

85

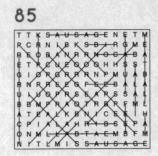

88

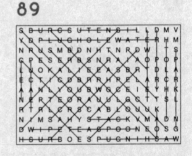

WHY CAN'T CINDERELLA PLAY SOCCER? BECAUSE SHE'S ALWAYS RUNNING AWAY FROM THE BALL!

83

THE WORD THAT CAN BE FOUND TEN TIMES IS COMB!

86

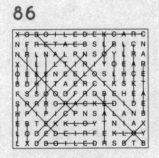

89

84

87

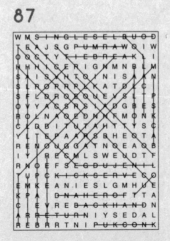

90

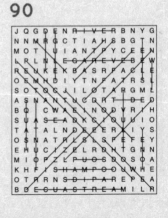

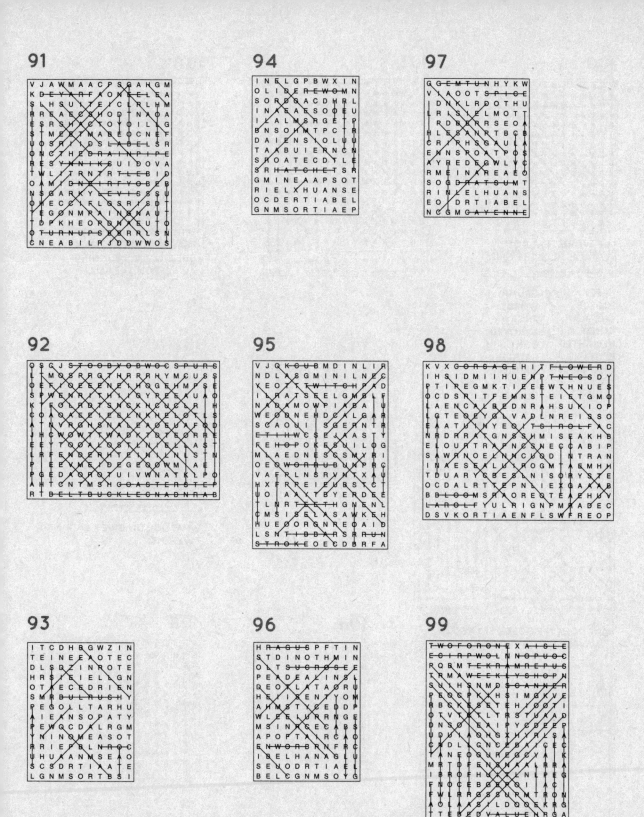

100

HAPPY WORDS:
- CHEERFUL
- CONTENT
- DELIGHTED
- ECSTATIC
- GRATIFIED
- JOLLY
- MERRY

GRUMPY WORDS:
- ANGRY
- ANNOYED
- COMPLAIN
- GROUSE
- IRRITABLE
- MOAN
- WHINE

103

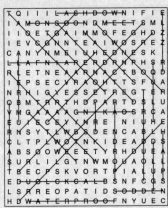

106

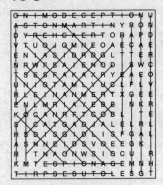

THE BOND MOVIE IS
YOU ONLY LIVE TWICE!

104

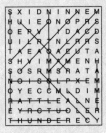

107

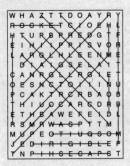

WHAT DO YOU GIVE A SICK BIRD?
TWEETMENT!

101

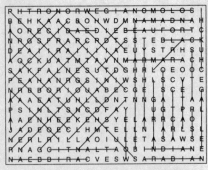

HOW DOES THE OCEAN SAY HELLO?
IT WAVES!

105

108

102

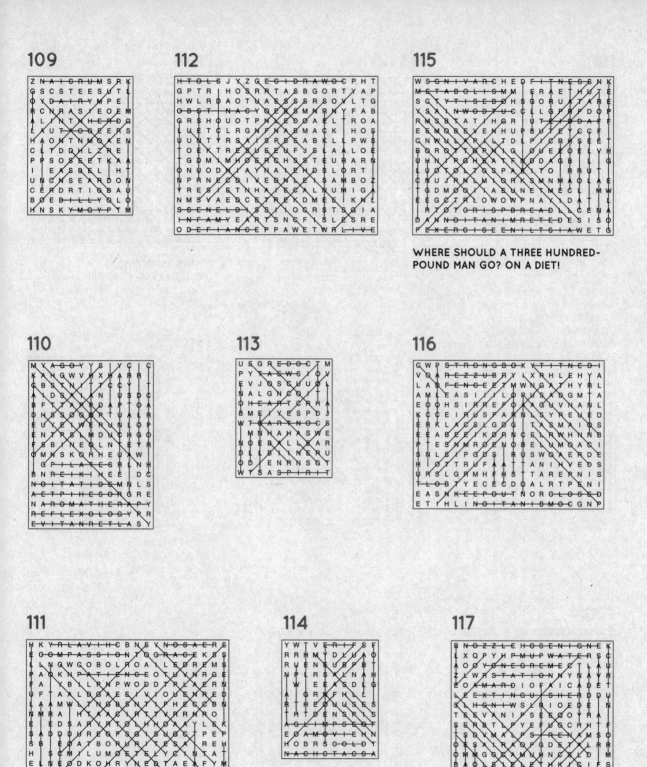

115

WHERE SHOULD A THREE HUNDRED-
POUND MAN GO? ON A DIET!

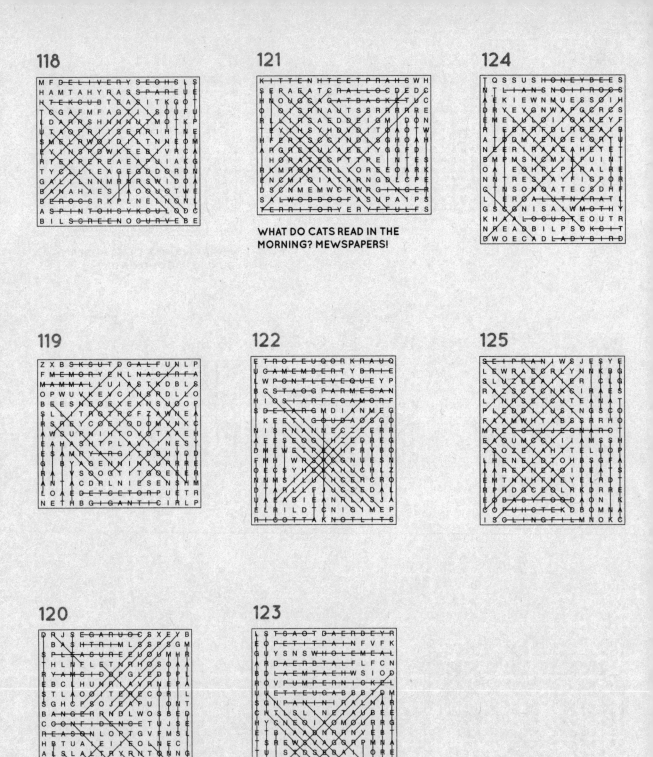

118

119

120

121

WHAT DO CATS READ IN THE
MORNING? MEWSPAPERS!

122

123

124

125

COLLECT ALL THE BOOKS IN THE GO FUN! SERIES

Monster Doodle Book

Dinosaur Doodle Book

BIG BOOK OF **MAZES**

BIG BOOK OF **WORD SEARCH**

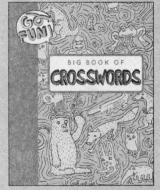

BIG BOOK OF **CROSSWORDS**

BIG BOOK OF **BRAIN GAMES**

Slylock Fox MYSTERY PUZZLES

Spot Six Differences A Slylock Fox PUZZLE BOOK

Brainsnack **DRAW with NUMBERS**

BIG BOOK OF **MAZES**

BIG BOOK OF **WORD SEARCH**